I0119371

ATHENA
EDICIONES

El Rito York

Patrimonio Masónico de América

Conrado Milanés

El Rito York

Patrimonio Masónico de América

Conrado Milanés

ATHENA
EDICIONES

Autor: Conrado Milanés

Diseño de portada: Kengelyn Alarcón

Corrección de estilo: Adelis Becerrit Díaz,

con revisión y edición final del autor

Maquetación: Divayre Sandoval

USA. 2025/ © Copyright:

Todos los derechos reservados.

ISBN: 979-8-9938811-1-9

Colección: "Tradición y Luz"

Primera edición

NOTA DE DERECHOS Y PROPÓSITO ACADÉMICO

El contenido de esta obra se presenta con fines exclusivamente académicos, simbólicos y culturales. Las referencias rituales, doctrinales o simbólicas pertenecen al patrimonio universal de la Masonería y se utilizan aquí con propósito de estudio, interpretación y preservación histórica. Ningún fragmento del texto reproduce ni revela fórmulas ritualisticas de carácter reservado ni pretende sustituir los rituales o monitores oficiales de ninguna jurisdicción.

Toda interpretación, comentario o reflexión expuesta refleja únicamente la visión personal del autor, elaborada desde el estudio y la experiencia masónica, y no representa posición oficial de ninguna Gran Logia, Capítulo o Cuerpo Masónico en particular. Las afirmaciones y análisis aquí contenidos se sustentan en fuentes verificables, textos históricos, monitores oficiales y obras de reconocidos autores de la tradición masónica y simbólica, consultadas con el debido rigor académico. La obra debe entenderse como un ejercicio de investigación y divulgación cultural, destinado a contribuir al conocimiento simbólico e histórico de la Masonería Universal.

DEDICATORIA

A la gloria del Gran Arquitecto del Universo,

fuente de toda Luz, sabiduría y armonía, principio y fin de toda Obra.

A Él, que inspira el pensamiento, guía la mano y revela el sentido del silencio.

A los Padres Fundadores del Rito York y de esta gran Nación,

que con su vida, su honor y su sagrado deber

construyeron la libertad sobre cimientos eternos.

A los que guardan el Fuego,

a los que comprendieron que el Rito no se repite: se vive y se renueva en cada alma que se eleva.

A los que, en la sombra del Templo, trabajan sin buscar nombre ni gloria,

porque saben que toda piedra justa lleva inscrita la eternidad.

A los custodios del Verbo,

que preservaron la pureza del Rito York como se guarda una llama en medio del viento.

A la Masonería universal,

que nos enseña a vivir en fraternidad, a custodiar la Verdad

y a ser obreros incansables en el Templo de la Humanidad.

A los que edifican templos invisibles,

que no se ven con los ojos, sino con la conciencia despierta.

Y a la América Masónica,

donde el espíritu de los antiguos obreros aún resuena entre las columnas,

recordándonos que la tradición no es un pasado que se recuerda,

sino una presencia que se honra.

Y, de manera especial,

a los custodios del Rito y del Ritual,

que en cada generación han defendido su pureza, protegido sus palabras

y transmitido, sin alteración, la esencia del Arte Real.

ÍNDICE

PRÓLOGO

A la Gloria del Gran Arquitecto del Universo.

Este libro se alza con un propósito claro y trascendental: custodiar un patrimonio que es a la vez espiritual y nacional. El Rito York, o Rito Americano, trasciende la mera catalogación de rituales en el vasto cosmos de la Masonería; es, en su esencia más pura, la expresión genuina y el latido del alma de los Estados Unidos de América.

Surgió en las logias inglesas del siglo XVIII, donde el espíritu operativo dio sus últimos resplandores, pero nació verdaderamente en suelo americano, donde encontró la libertad y el vigor que le permitieron organizarse como sistema. Forjado en el mismo crisol incandescente donde tomaron forma la independencia, la Constitución y la joven república, sus símbolos, sus palabras y su estructura son un espejo ineludible de la épica experiencia de un pueblo que se erigía en busca de libertad, justicia y fraternidad. Por esta fusión indisoluble, el Rito York no puede ser comprendido fuera del torrente mayor de la historia nacional.

El Doble Propósito del Libro: La Búsqueda de la Raíz

Esta obra emprende una travesía siguiendo dos sendas paralelas que se complementan en la verdad:

El camino histórico, la huella en el tiempo: Desde la llegada seminal de la Masonería a las colonias, la participación crucial de los masones en la forja de la Revolución, la consolidación del espíritu cívico de la nueva nación —como pilar intangible— y, finalmente, el nacimiento y la organización estructurada del Rito York en el suelo que le dio identidad.

El camino iniciático, la llama inmutable: Una meditación profunda sobre la pureza diamantina del ritual, la custodia celosa del lenguaje como cofre de la esencia, la distinción fundacional entre el mero juramento y la sacra Obligación, y el deber ineludible de cada masón yorkino de custodiar el Rito tal como fue legado, sin ceder a alteraciones, innovaciones o deformaciones que lo desvirtúen.

El Templo Interior y el Santuario Nacional

La Masonería, maestra de la ética, enseña que somos obreros de un templo que permanece en perpetua construcción. El Rito York, sin embargo, nos revela que esa labor no se limita al alma individual, sino que se proyecta en una dimensión nacional: el Templo se levanta sobre los cimientos de la historia de este país, en la virtud de los Padres Fundadores, en la piedra angular de los documentos republicanos y en los actos simbólicos que los masones consagraron, como la colocación de la primera piedra del Capitolio en 1793.

En esta encrucijada, el masón yorkino asume una doble e inmensa misión: ser el arquitecto del templo interior de su propio espíritu y el guardián vigilante del santuario histórico del Rito que floreció en América.

Los Custodios: La Cadena Ininterrumpida del Ritual

Si el Rito York pervive hoy como un patrimonio íntegro, es solo por la fidelidad de las generaciones de custodios del Rito y del Ritual. Ellos, en silencio y con una lealtad inquebrantable, velaron para que ni las palabras fueran mancilladas, ni los símbolos adulterados, ni la enseñanza desfigurada. Cada oficial en el Oriente, cada instructor que corrigió un error en el trabajo, cada Hermano que recordó la importancia sacra de la pureza ritual, ha sido un eslabón vital en esta cadena dorada e ininterrumpida de transmisión. Son ellos quienes cincelan en nuestra conciencia la máxima: el masón no inventa ni improvisa, sino que hereda, vive y transmite un tesoro inmemorial.

Un Llamado a la Fidelidad: El Pacto de América

La resonancia esencial de este libro es un llamado. Un llamado a los masones del presente para que comprendan que el Rito York es mucho más que una simple secuencia de acciones rituales: es un legado patriótico y espiritual que hemos recibido bajo juramento.

Nuestra misión no reside en la *novedad* o la *alteración*, sino en la sagrada tarea de conservar, transmitir y encarnar su enseñanza. Al igual que los fundadores que sellaron la Declaración de Independencia, nos obligamos ante la historia a mantener la pureza de este legado comprometiendo nuestras vidas, nuestras fortunas y nuestro inmaculado honor masónico.

Que esta obra sirva de triple faro: Guía para quienes buscan comprender la raíz inconfundible del Rito York; Inspiración para quienes lo practican con fervor y profundidad iniciática; y Advertencia solemne contra las alteraciones y descuidos que puedan cercenar su esencia fundacional.

Porque al final, la misión es superior a la historia y al simbolismo: se trata de honrar un Pacto.

El Rito York es el pulso inmortal del alma de América.

El deber del masón yorkino es custodiarlo con fidelidad absoluta. Y la existencia misma de los Custodios del Rito y del Ritual es la garantía de que este legado será transmitido intacto y radiante a todas las generaciones venideras.

INTRODUCCIÓN

El presente volumen no aspira a ser un mero compendio de historia masónica, ni una colección de anécdotas sobre la participación de sus miembros en la vida pública estadounidense. Su propósito es más preciso y trascendente: revelar el origen, la esencia y la magnitud imperecedera del Rito York como patrimonio espiritual y patriótico de América.

Para desvelar esta verdad, el texto se articula en tres grandes avenidas de conocimiento:

- La Dimensión Histórica: Los Cimientos en la Arena del Tiempo
- La llegada de la Masonería a las colonias como una semilla de Ilustración.
- La influencia vertebral de los masones en la Revolución y en la arquitectura de la República.
- La consolidación formal del Rito York como un sistema organizado y autónomo en suelo americano.
- La Dimensión Iniciática: La Vía del Perfeccionamiento
- La diferencia capital entre el Rito (la esencia) y el Ritual (la forma).
- El valor intrínseco de la pureza ritual y el peligro corrosivo de las innovaciones.
- La Obligación por encima del juramento: el pacto inmaterial que define el vínculo masónico.
- La Dimensión Patriótica y Universal: El Deber del Arquitecto Cívico
- El papel protagónico de los masones fundadores, como Franklin, el impresor de la luz, y Washington, el constructor de la nación.

- El simbolismo nacional cifrado en actos públicos, como la colocación de la primera piedra del Capitolio.
- El deber ético de custodiar el Rito York, no solo como masones, sino como herederos conscientes de un legado americano que se proyecta al mundo.

Cada capítulo ha sido cimentado en fuentes históricas y masónicas verificables, asegurando al lector que el recorrido propuesto no es fruto de la especulación, sino de hechos documentados y enseñanzas fielmente custodiadas.

La máxima que funciona como hilo de Ariadna a lo largo de toda la obra es simple, pero posee un peso inmenso: El Rito York es incomprensible e impracticable sin una fidelidad absoluta a su origen, a su idioma, a su ritual y a su Obligación.

El lector se sumergirá en un recorrido que inicia en las colonias británicas del siglo XVIII y culmina en un urgente llamado a la conciencia de los masones yorkinos de hoy: ser centinelas de un Rito que pertenece a la identidad de América y al tronco universal de la Tradición Masónica.

Que estas páginas inspiren a los Hermanos a vivir su Masonería con fidelidad incuestionable, responsabilidad histórica y profunda gratitud hacia aquellos que nos entregaron este patrimonio.

NOTA EDITORIAL

Todas las citas y fragmentos originalmente redactados en otros idiomas han sido traducidos al español por el autor, salvo indicación contraria. Dichas traducciones se han realizado procurando la máxima fidelidad al sentido, tono y espíritu del texto original, evitando toda alteración de su contenido o de su intención doctrinal. Esta aclaración se aplica a las fuentes procedentes de diversos idiomas y tradiciones filosóficas, literarias o masónicas citadas en el presente libro.

Asimismo, algunas formulaciones incluidas en esta obra constituyen paráfrasis o interpretaciones del autor basadas en fuentes acreditadas, expresadas con el propósito de clarificar su contenido simbólico, filosófico o ritual sin alterar su significado esencial. En determinados casos, tales paráfrasis pueden haberse inspirado en reformulaciones previas de otros autores, siempre sobre la base de citas verificables y con la debida correspondencia a las fuentes originales.

Las referencias bibliográficas conservan los datos de las ediciones originales en su idioma de procedencia, a fin de permitir la verificación y consulta directa de las fuentes. Cuando existe una traducción oficial publicada, se cita dicha versión indicando la edición correspondiente.

Finalmente, se ha procurado mantener uniformidad terminológica y conceptual en la traducción de términos masónicos y doctrinales, de acuerdo con el uso reconocido por la Masonería regular norteamericana y con la tradición simbólica del Rito York.

CAPÍTULO I

Los Orígenes de la Masonería en América

La historia de la Masonería en América se inicia como una siembra paciente en un suelo virgen. Este capítulo traza las primeras huellas en el Nuevo Mundo, el influjo organizador emanado de las logias de Boston y los pasos iniciales de una tradición que encontró en el océano Atlántico un puente de transmisión, no una barrera. Desde la audacia pionera de Henry Price y la temprana edición americana de las Constituciones, impulsada por Benjamin Franklin, se consolida un dato crucial: la logia se metamorfosea en un laboratorio de libertad en tiempos de tensión imperial y control absoluto. El fenómeno de las logias militares británicas evidencia, además, cómo el ritual viajó en la mochila de los regimientos, abriendo talleres efímeros allí donde el deber marcial los destinaba. Finalmente, el simbolismo masónico —con su elocuente lenguaje de luces, columnas y herramientas— comienza a dialogar con la idea emergente de nación. No se trata de una influencia única, sino de un fértil caldo de cultivo intelectual y moral donde la disciplina del Rito y la aspiración a la virtud prepararon, con una laboriosa discreción, el terreno para la gestación de un nuevo orden político.

1. Primeras Huellas en el Nuevo Mundo

La Masonería desembarcó en América del Norte durante el siglo de las Luces, transportada por inmigrantes británicos que buscaban no solo mejores horizontes económicos, sino también un espacio para la libertad de pensamiento. La primera logia documentada en suelo americano se constituyó en Boston en 1733, momento en que la Gran Logia de Inglaterra otorgó una carta constitutiva a Henry Price, designándolo como Gran Maestro Provincial de Nueva Inglaterra.[1]

La luz de la Orden se propagó con velocidad a Filadelfia, Nueva York y Charleston, dibujando un triángulo de influencia sobre la costa este.

En 1734, Benjamin Franklin publicó la primera edición americana de las Constituciones de Anderson (1723), un gesto que lo convirtió en uno de los primeros y más influyentes difusores de la doctrina masónica en las colonias. ²

Este acto, más que editorial, fue un código de velocidad que mostró la prontitud con la que la Masonería echaba raíces en América, conectándose de forma inmediata con el ideal ilustrado de la libertad de conciencia y la fraternidad universal.

2. Franklin y la Primera Edición Americana de las Constituciones (1734)

En 1734, Benjamin Franklin (1706-1790), el joven impresor de Filadelfia y futuro arquitecto de la República, concretó un hito decisivo: la publicación de la primera obra masónica impresa en América, una reimpresión de las Constituciones de Anderson *(The Constitutions of the Free-Masons)*.

Franklin había sido iniciado en 1731 y para 1734 ya presidía la Logia de San Juan de Filadelfia como Venerable Maestro. Su iniciativa no fue un mero ejercicio de imprenta, sino un acto fundacional, simbólico y práctico: asegurar que las logias nacientes en las colonias dispusieran de un marco normativo y doctrinal común, alineado con la tradición inglesa, pero impreso y arraigado en el Nuevo Mundo.

La edición de 1734 reprodujo con fidelidad el texto original londinense, conteniendo la "Historia", los "Cargos" y los "Reglamentos Generales" que definían los principios rectores de la Orden. Así, Franklin se erigió en vehículo de la tradición masónica, no solo en transmisor de la ciencia y la política, contribuyendo de manera capital a su arraigo. La trascendencia de esta publicación es triple:

Primer libro masónico impreso en América: Constituyó la base documental e iniciática de la Masonería en el continente.

Vínculo transatlántico: Selló la continuidad y la legitimidad entre la Masonería europea y la naciente americana, como un cordón umbilical.

Su rol como Maestro de logia y editor evidenció su compromiso intelectual e institucional con la Orden en una época crucial.

Ejemplares originales de esta edición, celosamente custodiados en instituciones como la Biblioteca del Rito Escocés y la Biblioteca de Harvard, confirman la trascendencia ineludible de este acontecimiento en la historia masónica y editorial de América.

3. Un Espacio de Libertad en Tiempos de Opresión

En el ambiente opresivo de las colonias británicas, la logia masónica floreció como un oasis de tolerancia y fraternidad, un punto de encuentro donde hombres de credos y orígenes dispares podían converger. En un mundo donde la libertad de conciencia era una aspiración velada, la logia actuaba como un proto-parlamento de librepensamiento y civismo. No es casualidad que una nutrida cohorte de futuros líderes independentistas se formara en este crisol, cultivando virtudes esenciales para la república: debatir con orden, votar con equidad y respetar la ley por encima del capricho personal. Estas lecciones de disciplina cívica se convertirían en la argamasa esencial de la nueva nación.

4. Las Logias Militares Británicas en América: El Ritual Itinerante

Un catalizador decisivo en la expansión geográfica del Rito fueron las logias militares itinerantes. Los regimientos británicos que desembarcaban en América traían consigo cartas patentes que les permitían celebrar logias dentro del ámbito castrense. Durante la Guerra de Sucesión Austríaca, la Guerra de los Siete Años y, paradójicamente, durante la propia Revolución, estas logias se instalaban en campamentos, ciudades ocupadas y territorios fronterizos.

Al licenciarse o asentarse en las colonias, estos soldados masones se convertían en agentes de la Tradición, fundando a menudo logias permanentes. Así, gran parte de las primeras logias americanas fueron, en esencia, hijas del campamento militar.[3] Este hecho es profundamente significativo: incluso en el contexto de la guerra y la tensión imperial, la Masonería operaba como una semilla de unión entre hombres de diferentes orígenes. Y al eclosionar la independencia, muchas de estas logias —nacidas bajo bandera británica— abrazaron la causa patriótica, sellando su emancipación iniciática al compás de la nación.

5. El Simbolismo Masónico y la Idea de Nación: Arquitectura de la Conciencia

Los símbolos masónicos, herramientas del oficio operativo como la escuadra, el compás, el nivel y la plomada, trascendieron su uso original para transformarse en metáforas universales de justicia, igualdad y rectitud moral. La Masonería especulativa del siglo XVIII, heredera de los constructores medievales, las resignificó en clave ética e intelectual.

En el contexto americano, surcado por las tensiones coloniales y las desigualdades sociales, estos emblemas ofrecieron un lenguaje de principios que inspiró la visión de una comunidad fundada en la virtud y la ley, no en el privilegio o el linaje. La escuadra se hizo símbolo de la conducta intachable; el compás, de la justa circunspección de las pasiones; el nivel, de la igualdad esencial de todos los hombres ante el G∴A∴D∴U∴; y la plomada, de la verticalidad de la conciencia y la rectitud en el obrar.

Este conjunto simbólico se constituyó en un poderoso motor formativo para una nueva conciencia política. En lugar de cimentar la sociedad en jerarquías coloniales heredadas, la Masonería ofreció un modelo de fraternidad basado en pilares universales: la justicia distributiva, la igualdad intrínseca y la búsqueda incesante de la verdad. De este modo, el simbolismo no solo nutrió el trabajo interior del iniciado, sino que se proyectó como inspiración en la construcción inmaterial de la nación, contribuyendo a cincelar la noción de una comunidad libre, justa y fraterna

6. Preparando el Terreno para la Revolución: El Crisol Cívico

En vísperas de la independencia, la Masonería ya era una fuerza sólidamente asentada en las Trece Colonias. Durante la primera mitad del siglo XVIII, las logias habían echado raíces profundas en los principales puertos y ciudades, integrando a las élites intelectuales, comerciales y militares. Estos espacios no eran meros círculos sociales: eran auténticos laboratorios de civismo, donde los valores de libertad, igualdad y fraternidad se practicaban con disciplina, fortaleciendo al mismo tiempo las redes de confianza y acción colectiva entre sus miembros.

El registro histórico está poblado de líderes masónicos de trascendencia capital. Benjamin Franklin, el polímata y diplomático, fue el artífice de la difusión doctrinal; Joseph Warren, Gran Maestro Provincial de Massachusetts, se inmoló como mártir de la causa patriota en Bunker Hill; y Paul Revere, el maestro platero, cabalgó en la oscuridad para convertirse en la voz de la alerta independentista.

Las logias masónicas, en este contexto, funcionaron como el alma de la fraternidad cívica, espacios donde los altos ideales de autogobierno se traducían en lazos de hermandad y planes de acción concertada. Fue allí donde se preparó, en gran medida, el sustrato ideológico y social que encontraría su expresión definitiva en la arquitectura de los documentos fundacionales: la Declaración de Independencia (1776) y la Constitución de los Estados Unidos (1787).

Conclusión

El Nacimiento de un Rito Americano

La Masonería en América se consolidó por la doble corriente de las logias coloniales permanentes, que buscaban la estabilidad, y las logias militares itinerantes, que aseguraban la expansión. Ambas vertientes, lejos de oponerse, convergieron en un mismo y poderoso resultado: la siembra de los valores de libertad, igualdad y fraternidad en el fértil suelo de las Trece Colonias.

De esta simiente, regada con la ilustración y la virtud cívica, brotaría el protagonismo masónico en la Revolución Americana. Este rol trascendental no fue un fin en sí mismo, sino la condición *sine qua non* para que, una vez nacida la nación, pudiese emerger un rito con identidad propia, un sistema que reflejara el espíritu fundacional de la nueva república.

Así, el Rito York se manifiesta como el hijo legítimo, simbólico e histórico de esta tierra y de su gesta libertadora. Su estructura no es una mera importación, sino una destilación del genio americano, un compendio de grados que encapsula la marcha de la nación desde su concepción. Comprender los orígenes de la Masonería en América es entender el prólogo necesario a la existencia del Rito York. Este no es solo un cuerpo ritualístico; es la memoria ritualizada de cómo la Orden ayudó a construir una patria. Su custodia no es una opción, sino la ratificación perenne del compromiso que los primeros masones asumieron con el destino de América: un compromiso de honor, virtud y lealtad inquebrantable a los principios que forjaron la más grande y libre de las naciones. El Rito York es, en su pureza, la arquitectura sagrada de la identidad americana

Notas

- Proceedings of the Grand Lodge of Massachusetts (Boston: Alfred Mudge & Son, Printers, 1871), 6.

- James Anderson, The Constitutions of the Free-Masons. Philadelphia: Benjamin Franklin, 1734. Facsímil en Library of Congress.

- Henry Wilson Coil, Coil's Masonic Encyclopedia (Richmond, VA: Macoy Publishing, 1961), voz "Military Lodges."

Bibliografía

1. Anderson, James. The Constitutions of the Freemasons. Philadelphia: Benjamin Franklin, 1734.

2. Coil, Henry Wilson. Coil's Masonic Encyclopedia. Richmond, VA: Macoy Publishing, 1961.

3. Denslow, William R. 10,000 Famous Freemasons. Columbia, MO: Missouri Research Lodge, 1957.

4. Minutes of the Grand Lodge of Massachusetts. Boston: Alfred Mudge & Son, printers, 1871.

5. Margaret C. Jacob, Living the Enlightenment: Freemasonry and Politics in Eighteenth-Century Europe (Oxford: Oxford University Press, 1991), pp. 117-118. 78-82

6. James Anderson, The Constitutions of the Freemasons (London: William Hunter, 1723), "Charges"

7. Albert G. Mackey, An Encyclopedia of Freemasonry (Philadelphia: Lippincott, 1874), entries "Square," "Compass," "Level," "Plumb."

8. José Antonio Ferrer Benimeli, Freemasonry in 18th-Century Spain (Zaragoza: Caja de Ahorros de Zaragoza, 1976), pp. 34-36.

CAPÍTULO II

Masones en la Guerra de Independencia

La Guerra de Independencia de las Trece Colonias (1775–1783) fue mucho más que un enfrentamiento militar contra la metrópoli británica; fue la cristalización épica de un proceso de maduración de ideas políticas y cívicas en el que la Masonería desempeñó un papel fundacional y significativo.

Este capítulo explora la intersección ineludible entre el *ethos* masónico y el rugido del espíritu de libertad, demostrando cómo las logias no solo ofrecieron un marco de sociabilidad, sino también una disciplina moral de hierro y una red de confianza infranqueable que vinculó a los protagonistas de la gesta. La Masonería no 'fabricó' la Revolución, pero sí aportó la argamasa invisible: valores, símbolos y lazos fraternales que nutrieron y fortalecieron la causa patriota hasta la victoria.

Desde el primer estruendo en Lexington y Concord hasta la firma solemne del Tratado de París, los masones estuvieron en la vanguardia de la política y del campo de batalla. Entre ellos, la figura imponente de George Washington, iniciado en 1752 y Comandante en Jefe del Ejército Continental, se alza como estandarte. Lo acompañaron mártires como Joseph Warren, Gran Maestro de Massachusetts, que abonó con su sangre la colina de Bunker Hill, y el vigía Paul Revere, cuya cabalgata nocturna encendió la llama. En la esfera internacional, Benjamin Franklin, con su prestigio masónico como llave, tejió la red diplomática crucial para obtener apoyo militar y financiero en la corte de Francia.

Las logias, lejos de ser cuevas de conspiración militar, fueron auténticos foros de la Ilustración y espacios de fraternidad donde se cultivaron y practicaron los ideales de libertad, igualdad y fraternidad. La icónica imagen de Washington jurando como primer presidente, con la mano sobre la Biblia masónica y rodeado de emblemas de la Orden, debe entenderse como un gesto fundacional de profundo simbolismo,

31

testimonio tangible del papel que la cultura masónica desempeñó en el nacimiento y la consagración de la nueva nación.

1. El Espíritu de Libertad: La Logia como Escuela Cívica

En la segunda mitad del siglo XVIII, las Trece Colonias gemían bajo las cargas fiscales y el autoritarismo inflexible de la Corona británica. En este clima de efervescencia, la Masonería ofreció un lenguaje común y universal de libertad, igualdad y fraternidad que resonó profundamente en el corazón de los hombres destinados a protagonizar la Revolución.

Las logias, en la práctica, funcionaban como verdaderas escuelas cívicas y laboratorios de la república: en ellas se aprendía a debatir con orden y respeto, a votar con justicia, a obedecer a un Venerable Maestro elegido por su mérito intrínseco (y no por cuna), y a convivir bajo estrictas normas de igualdad. Todo este ejercicio práctico contrastaba de forma radical con la monarquía absoluta y las rígidas jerarquías coloniales que dominaban la vida profana.

De este modo, mucho antes de la instauración formal del Congreso Continental, la logia masónica ya operaba como una proto-democracia, un espacio seguro donde los futuros líderes ensayaban y ejercitaban los principios que, más tarde, se convertirían en la columna vertebral de la nueva nación. La fraternidad, lejos de ser un mero sentimentalismo, era el cemento de la resistencia política.

2. Masones en los Documentos Fundacionales: Cincelando la Ley

La impronta masónica puede rastrearse, como una firma invisible pero profunda, en los principales documentos que dieron origen al país:

- En los Artículos de Asociación (1774), se documentó la presencia de masones entre sus signatarios.
- En la Declaración de Independencia (1776), aproximadamente nueve de los firmantes eran masones activos, entre ellos la eminencia de Benjamin Franklin y William Whipple. [1]

- En la Constitución de los Estados Unidos (1787), trece de los delegados que tejieron la Ley Suprema eran masones documentados, destacando George Washington, James McHenry y Rufus King. [2]

Esto no postula que los textos posean un contenido "masónico" *per se*, sino que sus artífices se habían formado y templado en un ambiente que cultivaba de manera rigurosa la tolerancia, la igualdad de derechos y la fraternidad humana, valores esenciales para un pacto social duradero.

3. Masones en el Campo de Batalla: Liderazgo de Mandil

El liderazgo militar de la Revolución refleja claramente esta influencia de la Orden en la dirección de la guerra:

George Washington , iniciado en Fredericksburg Lodge en 1752, lideró al Ejército Continental con la disciplina de un Maestro, convirtiéndose en el Padre de la Patria y de la Masonería Americana. [3]

La mayoría de los generales del Ejército Continental —más de la mitad— eran masones, lo que aseguraba una cadena de mando unida por lazos de honor y confianza mutua, vital en tiempos de escasez y desesperación.

Joseph Warren, Gran Maestro Provincial de Massachusetts, cayó heroicamente en la Batalla de Bunker Hill (1775), elevándose como el mártir patriótico y masónico cuya sangre selló el compromiso de la Orden con la libertad. [4]

La Masonería, de esta forma, no solo inspiró la lucha, sino que la acompañó en el fragor de la batalla.

4. Masones en la Resistencia Civil: La Forja de la Oposición

La acción masónica durante la Guerra de Independencia trascendió el ámbito militar para incrustarse en la resistencia civil contra el poder británico.

El Motín del Té de Boston (1773), protesta emblemática contra los impuestos imperiales, contó con masones en su núcleo organizador, particularmente miembros de la Logia St. Andrew de Boston. En ese taller se reunían patriotas de la talla de Paul Revere, John Hancock y Joseph Warren, todos activamente comprometidos con la resistencia al dominio colonial.

Entre estos héroes civiles, destaca Paul Revere (1734–1818), cuyo oficio de maestro platero se complementó con su rol de miembro activo de la Logia St. Andrew. Su célebre cabalgata nocturna del 18 de abril de 1775, advirtiendo a las milicias coloniales sobre el avance británico antes de Lexington y Concord, lo inmortalizó como el mensajero de la libertad.

Asimismo, Joseph Warren (1741–1775) no solo fue Gran Maestro Provincial, sino una figura clave en la organización de los Comités de Correspondencia, demostrando cómo la sociabilidad masónica alimentó de forma crucial las redes de coordinación política antes de su sacrificio en Bunker Hill.

Estos ejemplos revelan que la Masonería, trascendiendo su esfera ritual, funcionó como un canal orgánico de resistencia civil y patriótica, donde los ideales de fraternidad y libertad se tradujeron en acciones concretas contra la opresión colonial.

5. La Influencia de la Masonería en la Formación de la Nación

No se puede hablar de la independencia de los Estados Unidos sin mencionar la huella de la Masonería. Los hechos históricos hablan por sí mismos:

- **Los documentos fundacionales**:
  - Los **Artículos de Asociación (1774)** contaron con **10 masones entre sus firmantes**.
  - La **Declaración de Independencia (1776)** tuvo **9 firmantes masones**.
  - La **Constitución de los Estados Unidos (1787)** fue elaborada con la participación de al menos **13 masones**,

inspirados en los principios de igualdad, libertad y fraternidad.

- **El liderazgo militar**:

  o Se ha documentado que los **33 de los 81 generales del Ejército Continental** fueron masones, al igual que **algunos de los ayudantes personales de George Washington**, él mismo masón.

- **El precio de la libertad**:

  o El primer caído en la Batalla de Bunker Hill (1775) fue **Joseph Warren**, Gran Maestro Provincial de Massachusetts.

- **Los héroes masones**:

  o **Paul Revere, Benjamin Franklin** y, de manera especial, el propio **Padre de la Patria**, **George Washington**, fueron masones y dejaron un legado ético y cívico que aún inspira a la nación.

- **Instituciones de justicia y sociedad**:

  o **John Marshall**, cuarto Presidente de la Corte Suprema, era masón.

  o Muchos masones también participaron en actos de resistencia como el **Motín del Té de Boston (1773)**.

Estos datos no pretenden exaltar a la Masonería como único motor de la independencia, pero sí mostrar que sus principios —**libertad, igualdad, fraternidad, tolerancia y búsqueda de la verdad**— formaron parte del espíritu que dio nacimiento a una nueva nación.

6. La Masonería bajo la Sombra de la Corona Británica

El protagonismo innegable de tantos masones en la gesta no pasó inadvertido para la metrópoli. Sectores de la Corona y de la prensa británica comenzaron a tildar a las logias coloniales como "células de radicalismo" y espacios de conspiración política.

La reunión de hombres de diversas clases sociales y credos para discutir sobre libertad e igualdad generaba profunda desconfianza. Informes de la década de 1770 advertían a Londres de la creciente influencia de masones como Franklin y Warren.[5] Esta percepción, aunque exagerada en su matiz conspirativo, no carecía de fundamento: las logias, si bien no eran partidos políticos, sí proporcionaron un tejido de fraternidad y confianza mutua que facilitó la coordinación efectiva y el silencio cómplice entre los líderes revolucionarios.

El recelo británico, al final, sirvió para confirmar la fuerza latente que la Masonería ya tenía como semillero y refugio de ideas emancipadoras.

7. Benjamin Franklin: El Masón Diplomático

Como embajador plenipotenciario en Francia, Franklin no solo desplegó su genio político, sino que hábilmente utilizó su prestigio masónico. Su recepción en las logias francesas fue clave, facilitando contactos invaluables que se tradujeron en el apoyo militar y financiero que inclinó la balanza a favor de la causa americana.[6] La fraternidad masónica se convirtió así en una herramienta de la alta diplomacia

8. Washington y la Biblia Masónica: El Sello de Honor

Cuando George Washington prestó juramento como primer presidente en 1789, lo hizo sobre una Biblia que pertenecía a la Logia St. John's No. 1 de Nueva York.[7] Este acto, transmitido al nuevo país y al mundo, selló de manera pública y solemne la unión intrínseca entre los valores masónicos de honor y virtud y el destino de la nueva República.

Conclusión

La Guerra de Independencia fue, en su esencia, un acto político y, al mismo tiempo, un acto espiritual y moral. Los masones —desde la mente estratega de Washington hasta la elocuencia diplomática de Franklin, desde el sacrificio de Warren hasta la acción veloz de Revere—

36

demostraron que los principios abstractos de la Orden podían hacerse carne y espada en la lucha por la libertad de un pueblo.

La Masonería no urdió la Revolución, pero sí proveyó un lenguaje común de principios, un marco inquebrantable de sociabilidad y una disciplina moral que cohesionó a sus protagonistas.

Las logias se revelaron como escuelas de civismo y laboratorios de la democracia, donde se practicaba la igualdad mucho antes de que se legislara.

En los campos de batalla, en la resistencia civil y en la diplomacia internacional, los masones encarnaron estos valores en hechos decisivos. Y en el ámbito simbólico, la Biblia masónica sobre la que juró Washington selló un pacto fundacional que resuena aún como el testimonio más poderoso del vínculo entre ritual, honor y el servicio a la República.

El Rito York, cuyos grados esenciales ya estaban arraigados en suelo americano durante esta época, alcanzaría su plena y definitiva consolidación institucional en las décadas siguientes. No puede ser comprendido sin este grandioso trasfondo: es, en todos sus sentidos, el hijo legítimo de la Revolución Americana. Sus rituales, símbolos y enseñanzas nacieron y se moldearon a partir del mismo espíritu que dio origen a la nación: un espíritu de libertad irrenunciable, fraternidad militante y un compromiso sagrado con la justicia social y política. El Rito York es la memoria viva y codificada de aquella gesta.

Notas

- William R. Denslow, 10,000 Famous Masons, vol. 2 (Columbia, MO: Missouri Lodge Research, 1957).

- Ronald E. Heaton, Masonic Membership of the Founding Fathers (Waco, TX: Grand Lodge of Texas Library, 1965), 34–39.

- Allen E. Roberts, George Washington: Master Mason (Richmond, VA: Macoy Publishing, 1976), 12–15.

- Minutes of the Grand Lodge of Massachusetts (Boston: Alfred Mudge & Son, Printing House, 1871), 11.

- Margaret C. Jacob, The Radical Enlightenment: Pantheists, Masons, and Republicans (London: George Allen & Unwin, 1981), 212–215.

- J.A. Leo Lemay, The Life of Benjamin Franklin, vol. 3 (Philadelphia: University of Pennsylvania Press, 2006), 455–4

Bibliografía

1. Denslow, William R. 10,000 Famous Masons. Columbia, MO: Missouri Lodge Research, 1957.

2. Heaton, Ronald E. Masonic Membership of the Founding Fathers. Waco, TX: Grand Lodge of Texas Library, 1965.

3. Jacob, Margaret C. The Radical Enlightenment: Pantheists, Masons, and Republicans. London: George Allen & Unwin, 1981.

4. Lemay, J.A. Leo. The Life of Benjamin Franklin. Philadelphia: University of Pennsylvania Press, 2006.

5. Roberts, Allen E. George Washington: Master Mason. Richmond, VA: Macoy Publishing, 1976.

6. Minutes of the Grand Lodge of Massachusetts. Boston: Alfred Mudge & Son, Printing House, 1871.0.

7. Roberts, George Washington: Master Mason, 18.

CAPÍTULO III

Nacimiento de la Nación y el Espíritu Masónico

La pregunta central que guía este capítulo es cómo se articula la cultura política de una república en ciernes con el horizonte ético-simbólico de la Masonería. Es crucial entender que los planos no se confunden: la Orden no redacta constituciones ni asume funciones de gobierno, pero sí contribuye a forjar las conciencias de hombres que creen en el imperio de la ley, la moderación del poder y la intrínseca dignidad del ciudadano. Este examen desvela los aportes de los masones al diseño institucional, la presencia elocuente de símbolos compartidos en el espacio público —desde el Gran Sello hasta las ceremonias cívicas— y la pedagogía del rito como escuela de virtudes. Washington emerge como el paradigma de la contención, el equilibrio y el servicio desinteresado; Franklin, por su parte, encarna el cosmopolitismo ilustrado que reconoce en la fraternidad una gramática transversal para la cooperación global. De este cruce fecundo entre la *praxis* cívica y la disciplina simbólica nace lo que aquí denominamos el "Espíritu Masónico Americano": una combinación indisoluble de libertad responsable, respeto sagrado por el orden jurídico y una fe inquebrantable en la perfectibilidad del hombre, factores que marcarán decisivamente el carácter de la joven nación.

1. La Masonería y la Arquitectura de una Nueva República

Con la independencia asegurada tras la victoria resonante en Yorktown (1781) y la firma categórica del Tratado de París (1783), se alzaba el desafío más formidable: la construcción de la nación.

Los líderes americanos, de los cuales una proporción significativa eran masones, no solo habían osado soñar con la libertad; ahora, debían dotarla de una forma política y simbólica duradera. La Masonería, en este momento fundacional, aportó un modelo organizativo inestimable que resonaba con el espíritu ilustrado de los tiempos. La logia funcionaba como un auténtico espacio de microdemocracia: un Maestro electo, oficiales con deberes precisos y delegados, respeto a la voz de la mayoría y la protección activa de los derechos de la minoría.

La historiadora Margaret C. Jacob sentencia con acierto que las logias del siglo XVIII eran "escuelas de autogobierno", un concepto revolucionario en un mundo largamente acostumbrado al yugo del absolutismo.[1] La Masonería enseñó a sus miembros a ser hombres libres gobernando a hombres libres.

2. Los Masones en la Constitución: Cincelando el Marco Legal

La Convención de Filadelfia de 1787, convocada para diseñar el marco fundamental de gobierno, congregó a 55 delegados. Al menos trece de ellos eran masones documentados, incluyendo a la figura tutelar de George Washington, presidente indiscutible de la Convención, a James McHenry, firmante y futuro Secretario de Guerra, y al influyente estadista Rufus King

Es fundamental recalcar que esta influencia no convierte a la Constitución en un documento "masónico" en sentido estricto. Sin embargo, prueba que muchos de sus artífices estaban profundamente imbuidos y familiarizados con los valores cardinales de la Orden: la tolerancia religiosa, la libertad de conciencia, la igualdad ante la ley y la fraternidad cívica, principios esenciales para la convivencia en una república plural.

3. Simbolismo Masónico en el Espacio Público: El Lenguaje Compartido

El Espíritu Masónico, lejos de quedar confinado a la penumbra discreta de las logias, se proyectó con audacia en la arquitectura monumental y los símbolos de la joven república:

El Gran Sello de los Estados Unidos (1782): Su reverso exhibe la pirámide inacabada coronada por el Ojo de la Providencia. Si bien el diseño final no fue obra exclusiva de masones, los símbolos son notoriamente compartidos por la tradición masónica y reflejan la idea fundacional de que la nación es un trabajo en constante construcción (*Novus Ordo Seclorum*) bajo la guía de un Principio superior. [3]

La Colocación de la Primera Piedra del Capitolio (1793): El 18 de septiembre de 1793, George Washington, revestido con su atuendo masónico (mandil y guantes), presidió la solemne ceremonia de colocación de la piedra angular del Capitolio. La liturgia se condujo según el rigor del ritual masónico, utilizando la escuadra, el nivel y la plomada. Bajo la piedra, fue depositada una caja con documentos fundacionales y monedas de la nueva era.[4] Este acto fue más que protocolario; fue una consagración nacional, donde el Templo de la Libertad se erigía simbólicamente como un Templo Masónico.

La Iconografía Patriótica: Elementos como la escuadra y el compás se convirtieron en motivos comunes en monumentos, medallones y documentos públicos, operando como un lenguaje cívico compartido entre masones y la ciudadanía ilustrada.

4. Washington: Paradigma de Virtudes Masónicas

La figura monumental de George Washington es el epítome de la ética masónica aplicada al liderazgo. Iniciado en la logia de Fredericksburg en 1752, mantuvo un compromiso activo con la Orden a lo largo de toda su vida.

En 1797, su carta a la Gran Logia de Massachusetts es un testimonio elocuente: "La Masonería es una institución que ha ejercido efectos benéficos en la humanidad. Debo confesar que siempre he considerado a la Masonería como una de esas instituciones que buscan promover la felicidad de la humanidad".[5] Para Washington, la Masonería no era un mero adorno social, sino el pilar moral y la fuente de las virtudes de autodominio y servicio que sustentaron su visión de estadista.

5. Franklin: El Cosmopolitismo Masónico y la Red de la Ilustración

Benjamin Franklin, iniciado en la Logia St. John's de Filadelfia en 1731, representa el rostro internacionalista y cosmopolita del espíritu masónico.

Franklin fue miembro de logias en Inglaterra y Francia, y en 1779 fue honrado al ser elegido Venerable Maestro de la célebre Logia de las Nueve Hermanas en París, donde compartió mesa y rito con luminarias como Voltaire. Su pertenencia a esta red de fraternidad global fue decisiva, facilitando contactos diplomáticos y culturales que aseguraron la vital alianza con Francia durante la guerra. Franklin encarnó la máxima masónica de que el hombre es, simultáneamente, ciudadano del mundo y patriota devoto.

6. El Nacimiento del Espíritu Masónico Americano

Al terminar el siglo XVIII, la Masonería americana había adquirido una fisonomía distintiva e inconfundible; ya tenía rasgos propios:

- Estaba profundamente vinculada a la vida pública y política.

- Había acompañado a los Padres Fundadores no solo en el fervor de la revolución, sino en la meticulosa construcción del Estado

- Había dejado una huella en los símbolos, la arquitectura y los valores de la república.

- Este proceso de enraizamiento cultural y político fue el terreno fértil y necesario para que, en las primeras décadas del siglo XIX, se consolidara y se estructurara un sistema ritual específicamente nativo: el Rito York, o Rito Americano, que no es una copia, sino una destilación del espíritu republicano.

Conclusión

El nacimiento de la Nación y la eclosión del Espíritu Masónico estuvieron íntimamente y simbióticamente entrelazados.

Los masones no se limitaron a participar en la independencia y en la redacción de los documentos fundacionales; su contribución más profunda fue proyectar en la vida pública la ética aprendida en la Logia: la igualdad de condiciones, la libertad responsable, la fraternidad como fuerza cohesiva y la construcción común bajo el imperio de la ley. La colocación de la primera piedra del Capitolio en 1793 no es solo un hecho histórico, sino el símbolo supremo de que el edificio de la república se levantaba, conscientemente, como un Templo Masónico dedicado a la Libertad.

De ese suelo histórico, cívico y simbólico —cultivado por Washington y Franklin, regado por la sangre de Warren y la labor de incontables constructores— surgiría el Rito York. Este Rito, al consolidarse, se convirtió en el hijo legítimo y el custodio ritual de la América libre. No es una mera serie de ceremonias; es la codificación iniciática del espíritu fundacional de los Estados Unidos. Por lo tanto, el masón yorkino no solo practica un ritual, sino que reafirma un legado patriótico y un pacto con la historia.

Notas

- Margaret C. Jacob, Living the Enlightenment: Freemasonry and Politics in Eighteenth-
- Century Europe (Oxford: Oxford University Press, 1991), 74.
- William R. Denslow, 10,000 Famous Freemasons, 4 vols. (Columbia, MO: Missouri Lodge of Research, 1957), vol. 2.
- Richard S. Patterson y Richardson Dougall, The Eagle and the Shield: A History of the Great Seal of the United States (Washington: Department of State, 1976), 40–44.
- Allen E. Roberts, George Washington: Master Mason (Richmond, VA: Macoy Publishing, 1976), 22–25.
- George Washington, carta a la Gran Logia de Massachusetts, 1797, en The Writings of George Washington, ed. Jared Sparks, vol. 12 (Boston: American Stationers' Co., 1837), 179.

Bibliografía

1. Denslow, William R. 10,000 Famous Freemasons. Columbia, MO: Missouri Lodge of Research, 1957.
2. Jacob, Margaret C. Living the Enlightenment: Freemasonry and Politics in Eighteenth-Century Europe. Oxford: Oxford University Press, 1991.
3. Patterson, Richard S., y Richardson Dougall. The Eagle and the Shield: A History of the Great Seal of the United States. Washington: Department of State, 1976.

4. Roberts, Allen E. George Washington: Master Mason. Richmond, VA: Macoy Publishing, 1976.

5. Sparks, Jared (ed.). The Writings of George Washington. Vol. 12. Boston: American Stationers' Co., 1837.

CAPÍTULO IV

El Rito York o Americano: su Origen y Consolidación

El Rito York, en su despliegue americano, es la crónica de una sedimentación paciente y una articulación genial. Procedente del gran trasvase cultural y simbólico desde el Viejo Mundo, se configuró en suelo americano como un sistema ritual con voz propia, que integra armónicamente la Masonería Simbólica (los talleres de los tres grados fundamentales) con la Masonería Capitular, donde se le confiere un realce trascendental al Arco Real.

Las diferencias que surgieron entre la experiencia ritual inglesa y la norteamericana del Arco Real no son meros detalles, sino que iluminan las rutas divergentes que un mismo tronco tradicional puede tomar, mostrando cómo los símbolos comunes encontraron desarrollos distintos y característicos según el contexto histórico y cultural.

La institucionalización del sistema en cuerpos rectores sólidos y el impulso organizador de los Capítulos, Consejos y Comanderías constituyen los pilares que apuntalaron la consolidación definitiva del Rito. Paralelamente, se reconoce la dimensión patriótica inherente al Yorkinismo: no como propaganda burda, sino como la resonancia profunda entre un rito que privilegia la claridad, el trabajo constante y la virtud ética, y una república naciente que se reconocía a sí misma en esas mismas claves fundacionales.

Este capítulo culmina con una tesis nítida e innegociable: custodiar el Rito es, por extensión, custodiar su origen, porque solo en él reside la fuerza pedagógica que le otorga su coherencia interna, su legitimidad histórica y su singularidad americana.

1. Del Viejo Mundo al Nuevo Mundo

El **Rito York** hunde sus raíces en las tradiciones masónicas de Inglaterra, Escocia e Irlanda. Durante el siglo XVIII, muchos inmigrantes trajeron consigo no solo las costumbres de sus tierras, sino también los rituales que practicaban en sus logias de origen.

Ya en Inglaterra, el término **"Rito de York"** se usaba ocasionalmente para designar la tradición masónica ligada a las Antiguas Constituciones de York, un documento legendario que situaba en esa ciudad el origen de la Masonería organizada. Aunque la historicidad de dichas Constituciones es discutida, su prestigio dio nombre a un estilo ritual que se transmitió a las colonias americanas[1].

En Estados Unidos, ese conjunto de grados y prácticas se fue adaptando a las circunstancias locales, hasta configurar un sistema que hoy conocemos como York Rite o Rito Americano.

2. Masonería simbólica y masonería capitular

El Rito York no es un rito único, cerrado, sino un sistema progresivo de grados que comienza en la Logia Simbólica (los tres grados de Aprendiz, Compañero y Maestro) y continúa con cuerpos adicionales.

- En el ámbito simbólico, el Rito York siguió la tradición de las logias bajo cartas inglesas, irlandesas y escocesas.
- En el ámbito capitular, cobró enorme importancia el Arco Real (Royal Arch), considerado en Inglaterra como la consumación del grado de Maestro Masón.

En 1797, el Capitular Thomas Smith Webb publicó The Freemason's Monitor, obra que codificó y popularizó el ritual del Rito York en América[2]. Webb adaptó los trabajos ingleses y les dio una forma ordenada y didáctica, consolidando así una identidad propia.

3. El Arco Real: diferencias entre Inglaterra y Estados Unidos

En Inglaterra, durante el siglo XVIII, el Arco Real era visto como una extensión del grado de Maestro Masón. Las Constituciones de los "Antiguos" de 1756 lo describían como **"la raíz, corazón y médula de la Masonería"**[3], pero sin separarlo de la Maestría.

En Estados Unidos, en cambio, el Arco Real se organizó como un **cuerpo independiente**, con estructura propia y con un simbolismo ampliado. Esta diferencia marcó un punto decisivo:

- **En Inglaterra**, el Arco Real era la culminación del tercer grado.

- **En Estados Unidos**, se convirtió en el centro de un sistema nuevo que incluía capítulos, consejos y comanderías.

En 1798 se fundó en Boston el General Grand Chapter of Royal Arch Masons, institución nacional que organizó los capítulos del Arco Real y dio al Rito York un marco estable[4].

Este paso transformó rituales dispersos en un Rito estructurado y característicamente americano

4. El nacimiento americano del Rito

De ahí en adelante, el Rito York se completó con el Consejo Críptico (Masonería de los grados crípticos) y el Commandery of Knights Templar. En conjunto, el sistema abarcaba desde el Maestro Masón hasta los grados caballerescos, dándole un carácter progresivo y completo.

Lo que distingue al Rito York es que no fue simplemente importado de Europa, sino que se forjó en Estados Unidos:

- Sus rituales fueron compilados y adaptados aquí.

- Sus instituciones nacionales (General Grand Chapter, General Grand Council, Grand Encampment) nacieron aquí.

- Su expansión coincidió con la consolidación de la República, de modo que el Rito York se convirtió en reflejo de los valores patrióticos de la nueva nación.

Por eso también se le **llama Rito Americano**: porque pertenece a la tradición espiritual de este país, igual que la Constitución o el Capitolio pertenecen a su tradición política.

5. El simbolismo patriótico del Rito York

En el Rito York abundan símbolos que resonaban con la experiencia americana:

- La reconstrucción del Templo de Jerusalén evocaba la construcción de una nueva nación.

- El retorno a la Palabra perdida reflejaba la búsqueda de principios eternos que guiaran al pueblo.

- La Caballería Templaria simbolizaba la defensa de la fe y la libertad, valores inseparables de la identidad estadounidense del siglo XIX.

Así, el Rito York fue percibido no solo como camino iniciático, sino también como **expresión patriótica** de la Masonería en América.

6. Custodiar el Rito: fidelidad al origen

Si el Rito York nació aquí, y si en él se refleja la historia, la espiritualidad y el patriotismo de Estados Unidos, entonces **su pureza ritual debe ser custodiada con celo**. Alterar el Rito con costumbres ajenas, traducirlo de manera descuidada o "adaptarlo" a otras culturas es desvirtuar su esencia.

Albert Mackey lo sintetizó así:

"RITOS. Cada nación en la que la Masonería ha existido ha impreso sobre el sistema el carácter peculiar de sus propias costumbres y hábitos; y de ahí han surgido varias modificaciones de la Institución, que han sido llamadas Ritos. Son, en realidad, la historia de la Masonería en diferentes países, y cada Rito es un registro de la condición de la Orden en un período particular de tiempo, o bajo la influencia de circunstancias particulares. El Rito, por lo tanto, de cualquier nación debe considerarse como una historia nacional; y cambiarlo es alterar esa historia."[5] (Traducción del Autor)

Conrado Milanés

Conclusión

El Rito como Patrimonio Americano

El Rito York no es un mero injerto europeo en América: es una creación original americana, nacida y consolidada al calor de la Revolución y en la promesa de la joven república. Su organización en Capítulos, Consejos y Comanderías refleja la misma energía constructiva, la misma visión de orden y la misma fe en el progreso que animó a los Padres Fundadores de los Estados Unidos.

Por esta razón profunda, al estudiar y practicar el Rito York, el masón no solo se vincula a un sistema masónico de perfección moral, sino que se convierte en heredero y partícipe de un patrimonio patriótico inestimable. Conservarlo íntegro, puro y sin mácula es honrar la memoria de Washington y Franklin, la labor codificadora de Webb y, sobre todo, la visión de todos aquellos Hermanos que le dieron forma definitiva en esta tierra. El Rito York es la columna de la Tradición en América y su custodia absoluta es un deber cívico e iniciático.

Notas

- Albert G. Mackey, An Encyclopedia of Freemasonry (Philadelphia: Moss & Co., 1873), voz "York Rite."

- Thomas Smith Webb, The Freemason's Monitor, or Illustrations of Masonry (Albany: Spencer & Webb, 1797).

- Grand Committee of the "Antients," Ahiman Rezon (London: 1756), 49.

- Ronald E. Heaton, Masonic Membership of the Founding Fathers (Waco, TX: Grand Lodge of Texas Library, 1965), 88.

- Mackey, An Encyclopedia of Freemasonry and its Kindred Sciences, rev. R.I. Clegg, 1914, vol. II, p. 634-635.

Bibliografía

1. Grand Committee of the Antients. Ahiman Rezon. London, 1756.

2. Heaton, Ronald E. Masonic Membership of the Founding Fathers. Waco, TX: Grand Lodge of Texas Library, 1965.

3. Mackey, Albert G. An Encyclopedia of Freemasonry. Philadelphia: Moss & Co., 1873.

4. Webb, Thomas Smith. The Freemason's Monitor, or Illustrations of Masonry. Albany: Spencer & Webb, 1797.

CAPÍTULO V

Thomas Smith Webb: El Arquitecto del Rito York

Ningún sistema ritual alcanza la permanencia sin los arquitectos de su lenguaje. Este capítulo traza el perfil ineludible de Thomas Smith Webb en su contexto histórico: un ambiente intelectual, surgido de la Revolución, marcado por debates, divergencias rituales y la urgencia organizativa de la joven república, que clamaba por claridad y unidad en la práctica masónica.

Su obra seminal, el Freemason's Monitor (1797), trasciende la mera compilación; es un acto de ordenación magistral, clarificación dogmática y proposición de estándares, favoreciendo la cohesión de los talleres dispersos. Webb no inventó la Masonería: la afinó con precisión de relojero; no sustituyó la tradición: la articuló con el genio de un constructor de sistemas. Su inquebrantable empeño por dotar a la Orden de una coherencia litúrgica influyó decisivamente en la consolidación del Rito York, al ofrecer un cauce común e inalterable para la instrucción, la memorización y la ejecución ritual.

La proyección americana de este trabajo —estructurando Capítulos, Consejos y Logias— determinó un legado perdurable: el de un lenguaje masónico unificado, capaz de garantizar el reconocimiento mutuo, la transmisión fiel y la pedagogía estable de las virtudes republicanas y masónicas.

Introducción: El Hombre que Unificó la Tradición

En la historia de la Masonería americana, pocos nombres poseen el relieve iniciático y la trascendencia fundacional de Thomas Smith Webb (1771–1819). Su figura se alza no solo como el compilador de rituales dispersos, sino como el verdadero arquitecto intelectual del sistema que tomó cuerpo y alma en suelo estadounidense y que, con el tiempo, sería conocido con justicia como el Rito York o Americano. Mientras en

Europa la Masonería se expandía en una maraña de múltiples ritos y sistemas a menudo en competencia, los Estados Unidos, como joven nación, requerían orden, uniformidad y coherencia iniciática. Webb fue el hombre providencial que, con una visión disciplinada y claridad meridiana, ofreció esa unidad esencial.[1]

Su obra magna, Freemason's Monitor; or, Illustrations of Masonry, publicada por primera vez en 1797, constituyó la primera gran sistematización ritual adaptada a las logias de la América posrevolucionaria.[2] No era únicamente un manual litúrgico: era un intento consciente de inscribir una identidad propia a la Masonería estadounidense, haciéndola corresponder con el espíritu de libertad, el orden jurídico y el republicanismo que animaba a la nación recién independizada.

1. Vida y Formación: El Origen del Compilador

Thomas Smith Webb nació en Boston, Massachusetts, el 30 de octubre de 1771.[3] Su iniciación ocurrió en la Rising Sun Lodge No. 4, en Keene (New Hampshire), en 1790.[4] Tras un breve periodo, se trasladó a Albany, Nueva York, donde en 1797 fue una fuerza motriz en la fundación de la Temple Lodge No. 14, siendo además su primer Venerable Maestro.[5]

Su oficio de tipógrafo e impresor le confirió una familiaridad profunda con el mundo de los textos, la edición y la circulación de ideas ilustradas, lo cual sería capital para la concepción y publicación de su Monitor. El contexto masónico de los Estados Unidos era, en ese momento, un mosaico fragmentado: coexistían rituales de las logias inglesas, irlandesas y escocesas, transmitidos en gran parte por vía oral, lo que generaba confusión. Webb percibió con clarividencia que la Masonería americana necesitaba una cohesión formal, y esa convicción se convirtió en la misión de su trayectoria.

2. Su Obra Cumbre: Freemason's Monitor (1797)

En 1797, con apenas veintiséis años, Webb lanzó la primera edición de su Monitor Masónico (Freemason's Monitor) en Albany, bajo el sello "Printed for Spencer and Webb".[2] La obra ofrecía instrucciones detalladas para los grados simbólicos y, crucialmente, para los grados capitulares, particularmente el del Real Arco, al que elevaba a un lugar de consumación y primacía dentro del sistema.

El *Monitor* no solo estandarizó las palabras, sino que introdujo elementos estéticos y devocionales, como la sección "Canciones Masónicas" (Masonic Songs), con cánticos e himnos destinados a solemnizar las ceremonias.[6] Estas innovaciones dotaron a los trabajos de un tono pedagógico, uniforme y profundamente solemne.

El impacto fue fulminante: el *Monitor* se transformó instantáneamente en el texto de referencia universal en logias y capítulos de todo el país. Donde antes imperaba la diversidad caótica, Webb impuso un lenguaje iniciático común. Así, la Masonería en Estados Unidos, bajo la influencia de Webb, declaró su independencia ritual, dejando de depender de las adaptaciones europeas para construir un cuerpo doctrinal propio.

3. Webb y la Sistematización del Rito York: El Gran Arco

El paso de la codificación a la institucionalización fue la genialidad de Webb. Tras la convención preliminar en Boston (octubre de 1797), Webb fue figura clave en la reunión de Hartford (enero de 1798), donde se articuló el *Grand Chapter of the Northern States of America*.[7] Finalmente, en Providence (enero de 1799), se adoptó el título de General Grand Chapter of Royal Arch Masons, institución que, hasta hoy, es la autoridad internacional del Real Arco.[8]

Con este proceso organizativo, el Rito York quedó consolidado como un sistema integralmente americano, donde el Real Arco fue inequívocamente reconocido y jerarquizado como la consumación de la Maestría Masónica.

4. El Arco Real según Webb: La Consumación de la Maestría

Para Webb, la maestría simbólica se percibía como incompleta o trunca sin la luz del Arco Real. La leyenda central de Hiram, que queda dramáticamente inconclusa en el tercer grado, encontraba su consumación y redención en la exaltación capitular. De ahí que defendiera con ahínco la tesis de que la "verdadera Maestría" solo podía ser alcanzada y comprendida en este grado.[9]

Esta concepción, que sitúa al Arco Real en el centro de un sistema expandido, diferenció irreversiblemente al Rito York de la Masonería inglesa, confiriéndole su identidad única. Además, el simbolismo de restauración y hallazgo que encierra el Real Arco resonaba con la experiencia histórica de un pueblo que había recuperado su soberanía y ahora buscaba su Palabra como nación.

5. Aportes Rituales y la Arquitectura Litúrgica

La huella de Webb se encuentra en la propia belleza y funcionalidad de la liturgia yorkina. Entre sus aportes más significativos destacan:

- La incorporación metódica de himnos y cánticos en las ceremonias[6], transformando el ritual en una experiencia coral y emotiva

- La uniformidad rigurosa en los signos, toques y palabras, erradicando la confusión de tradiciones.

- Y, sobre todo, la solemnidad literaria en la redacción de los rituales, dotándolos de un tono clásico y didáctico.

Para Webb, el ritual debía ser una escuela viva, un drama moral donde cada palabra y cada gesto tuvieran un sentido pedagógico y trascendente[10]. Este cuidado litúrgico distingue hasta hoy al Rito York de otras prácticas masónicas.

6. Webb y la Identidad Masónica Americana: La Unidad Republicana

El sistema yorkino, bajo la mano de Webb, reflejó de manera orgánica el espíritu republicano de los Estados Unidos. De la misma forma que la Constitución de 1787 unificó a trece estados diversos bajo un solo marco legal, el Rito York ofreció un marco de unidad ritual para logias con tradiciones y orígenes dispares. De este modo, lo iniciático se entrelazó con lo patriótico: la Masonería, en la visión de Webb, debía formar tanto hombres virtuosos como ciudadanos comprometidos con el destino de la república[11].

7. Legado e Influencia Perpetua

Webb murió prematuramente en Cleveland, Ohio, el 6 de julio de 1819, a la edad de 47 años [12]. Sus restos fueron trasladados a Providence, Rhode Island[13]. Su obra, sin embargo, aseguró la uniformidad iniciática del Rito York en Estados Unidos y, crucialmente, facilitó su expansión organizada hacia América Latina y el Caribe, donde se estableció como un patrón de pureza. Autores posteriores, como el célebre Albert G. Mackey, lo reconocieron sin reservas como el "padre del sistema ritual americano" [14].

8. Reflexión Final: El Custodio de la Palabra

La vida y la obra de Thomas Smith Webb son un testimonio luminoso de lo que significa ser un verdadero constructor. No levantó templos de piedra, pero erigió con su inteligencia y su espíritu un templo de símbolos y de palabras que aún sostiene el edificio del Rito York. Su legado es un recordatorio de que la Masonería no se preserva por inercia, sino por la fidelidad consciente de cada generación.

Webb supo mirar más allá de su tiempo. Comprendió que la Masonería en Estados Unidos necesitaba un rostro propio, un rito que no fuera una copia servil de Europa, sino una tradición viva que dialogara con la nueva república. En su visión, lo masónico y lo americano se unieron en un solo impulso: la búsqueda de la verdad y la defensa de la libertad.

El masón yorkino que hoy abre su ritual, que pronuncia su Obligación o que se eleva en el Real Arco, está recorriendo los caminos trazados por Webb hace más de dos siglos. Cada palabra, cada gesto y cada cántico llevan su huella. En este sentido, Webb no es solo una figura del pasado, sino un compañero presente en cada logia, en cada capítulo y en cada hermano que vive el rito con autenticidad.

De su vida breve pero fecunda aprendemos varias lecciones. La primera es que la Masonería necesita custodios: hombres que no teman asumir la tarea de defender su esencia frente a la dispersión o la deformación. La segunda es que el rito, para ser verdadero, debe estar enraizado en la historia y en la cultura de su pueblo, pero siempre fiel a los principios universales que le dan vida. Y la tercera, quizá la más importante, es que el trabajo ritual no es un fin en sí mismo, sino un medio para formar hombres libres, virtuosos y comprometidos con el bien común.

Por eso, mirar a Webb no es un ejercicio de erudición, sino un acto de reconocimiento y de gratitud. Reconocimiento a quien nos dio un patrimonio que no debemos alterar ni empobrecer; gratitud por haber puesto en nuestras manos un tesoro espiritual que nos corresponde custodiar con celo y transmitir íntegro a quienes nos sucedan en la cadena iniciática.

Al concluir este capítulo, queda claro por qué la Masonería americana lo honra con el título de **Padre del Rito York**. Webb nos recuerda que el rito no es un conjunto de ceremonias, sino el alma de la Masonería; que el ritual no es un recitado mecánico, sino una vía de transformación; y que la fidelidad a la tradición no es estancamiento, sino garantía de continuidad y de verdad.

Custodiar el legado de Webb es custodiar nuestra propia identidad. Cada vez que resistimos la tentación de alterar el ritual, cada vez que rechazamos la superficialidad y el descuido, estamos honrando su memoria. Porque el mayor homenaje que podemos ofrecer a Webb no es repetir su nombre, sino vivir su visión: hacer de la Masonería yorkina un camino de luz, de verdad y de libertad para todos los tiempos.

Notas

- Coil, Henry Wilson. Coil's Masonic Encyclopedia. Richmond: Macoy Publishing, 1961.

- Denslow, William R. 10,000 Famous Masons. 4 vols. Macoy Publishing, 1957.

- Gould, Robert Freke. History of Freemasonry. 6 vols. London: Thomas C. Jack, 1885.

- Grimshaw, William M. Official History of Freemasonry Among the Colored People in North America. New York: Broadway Publishing, 1903.

- Hackett, Raymond. The General Grand Chapter of International Royal Arch Masonry: A Historical Sketch. Lexington, KY: GGC, 1950.

- Mackey, Albert G. Encyclopedia of Freemasonry. 2 vols. Philadelphia: Moss & Co., 1873.

- Thomas Smith Webb Research Chapter, Royal Arch Masonry of the State of New York. "Biography of Thomas Smith Webb." • Webb, Thomas Smith. The Masonic Monitor; or, Illustrations of Freemasonry. Albany: Spencer and Webb, 1797

Bibliografía

1. Gould, Robert Freke. History of Freemasonry. London: Thomas C. Jack, 1885, vol. IV, pp. 122-125.

2. Webb, Thomas Smith. The Monitor of Freemasonry; or, Illustrations of Masonry. Albany: Spencer and Webb, 1797.

3. Grimshaw, William M. Official History of Freemasonry Among the Colored People in North America. New York: Broadway Publishing, 1903, p. 89.

4. Thomas Smith Webb, Research Chapter, Royal Arch Masons of the State of New York, "Biography of Thomas Smith Webb."

5. Ibid.

6. Webb, The Monitor of Freemasonry, 1797; see also the 1808 edition, section "Masonic Songs."

7. Encyclopedia Masonica, entry "General Grand Chapter of Royal Arch Masons", on the conventions of Boston (1797) and Hartford (1798).

8. Hackett, Raymond. The Grand General Chapter of International Royal Arch Masonry: A Historical Sketch. Lexington, KY: GGC, 1950, pp. 13-16.

9. Webb, Freemason's Monitor, 1797, Royal Arch section.

10. Mackey, Albert G. Encyclopedia of Freemasonry. Philadelphia: Moss & Co., 1873, vol. II, pp. 872-876.

11. Coil, Henry Wilson. Coil's Masonic Encyclopedia. Richmond: Macoy Publishing, 1961, pp. 920-923.

12. Grimshaw, Official History of Freemasonry, p. 89.

13. 13. Denslow, William R. 10,000 Famous Freemasons. Macoy Publishing, 1957, vol. IV, p. 439.

14. Mackey, Encyclopedia of Freemasonry, vol. II, p. 876.

CAPÍTULO VI

El Arco Real: La Piedra de Cierre del Maestro Masón

S i el Tercer Grado simboliza la corona de la Masonería simbólica, el Arco Real constituye su plenitud irrenunciable en el sistema yorkino. No debe ser visto como un simple "grado añadido" o un mero apéndice, sino como la clave de lectura que descifra y comprende en toda su amplitud los símbolos previamente adquiridos. Es el punto de convergencia místico donde la narración iniciática encuentra su anhelado desenlace y donde la búsqueda dramática del Maestro se ilumina con un sentido superior, redentor y restaurador.

Este capítulo aborda el Arco Real como el grado de la síntesis y la revelación: en él, los fragmentos simbólicos dispersos encuentran coherencia perfecta y la pedagogía masónica muestra su horizonte más alto. Su grandeza reside en que no sustituye lo anterior, sino que lo reorganiza, lo clarifica y lo conduce a una conclusión necesaria y luminosa.

Se examinarán, en este contexto, las diferencias doctrinales y estructurales entre Inglaterra y Estados Unidos en torno a la ubicación y encuadre del Arco Real, así como la trampa institucional que lo sostiene y le da cuerpo en el Rito York. De igual modo, se subrayará su función identitaria, pues sin el Arco Real no se comprende la estructura integral yorkina ni su aporte específico e invaluable a la Masonería universal.

La tesis es categórica: el Arco Real revela el sentido último y la palabra prometida de la búsqueda del Maestro y ofrece la visión integral del camino iniciado en los grados simbólicos. Por ello, su custodia ritual es la más exigente: la fidelidad a su lenguaje, a sus palabras sagradas y a su dramaturgia es la condición indispensable para que conserve su fuerza formativa. Cualquier innovación imprudente falsea el itinerario; cualquier descuido pedagógico empobrece la promesa de plenitud que el Arco Real contiene.

Introducción: La Llave que Cierra el Arco

En la majestuosa arquitectura del Rito York, ningún grado ostenta un lugar tan decisivo y axial como el Arco Real. Desde los albores de la Masonería en América, este grado fue inequívocamente entendido como el punto culminante de la maestría simbólica, la llave de bóveda que cierra y sostiene el arco del conocimiento masónico.

Mientras que en Inglaterra fue considerado durante largo tiempo un apéndice o un noble complemento, en Estados Unidos adquirió la dignidad fundacional de ser el grado culminante del Maestro Masón[1].

Esa diferencia doctrinal no fue un detalle menor: marcó el acta de nacimiento de la identidad propia del Rito York como un sistema gestado en suelo americano. La visión de Thomas Smith Webb, plasmada con autoridad en su *Freemason's Monitor* (1797), estableció que la "verdadera maestría" no quedaba consumada con la pérdida experimentada en el tercer grado, sino que requería la exaltación restauradora al Arco Real[2]. Con esta audaz declaración, el rito americano afirmó su independencia intelectual respecto a las corrientes inglesas y grabó un sello distintivo en la Masonería de los Estados Unidos.

Hoy, hablar del Arco Real es referirse al corazón vibrante del Rito York. Comprender su origen, su simbolismo esotérico y su firme consolidación en América es un imperativo para entender por qué este Rito constituye un patrimonio masónico americano que debe ser preservado con fidelidad inquebrantable.

1. Los Orígenes del Arco Real: La Búsqueda que Nace en la Pérdida

El Arco Real, en su forma iniciática, emergió en las islas británicas a mediados del siglo XVIII. La primera mención documentada, casi como un murmullo de promesa, se encuentra en Irlanda, en 1743, donde aparece como un grado practicado por masones que ya habían recibido la maestría simbólica[3]. Su difusión fue rápida en Inglaterra, aunque no exenta de controversia ritual: algunos lo veían como parte inseparable del Maestro, mientras otros lo tildaban de innovación irregular.

El gran impulso organizativo lo recibió en 1751, con la fundación de la Gran Logia de los "Antients" en Londres, quienes lo proclamaron con fervor como "la raíz, el corazón y la médula de la Masonería"[4]. Esta ferviente defensa por parte de los *Antients*, en contraste con la reticencia de los *Moderns*, explica la dualidad de criterios que se proyectaría más tarde en las colonias.

El Arco Real desembarcó en América a través de masones británicos e irlandeses en la segunda mitad del siglo XVIII. Las primeras referencias verificables datan de la década de 1760, cuando los Capítulos comenzaron a operar en diversas colonias[5]. En 1797, su inclusión formal y exaltada en el *Monitor* de Thomas Smith Webb, reconociéndolo como la culminación orgánica de la Masonería simbólica[2], lo convirtió en una pieza constitutiva de la identidad masónica americana.

2. El Arco Real en la Visión de Webb: La Palabra Hallada

El papel de Webb fue el de un ingeniero doctrinario, situando al Arco Real en el eje central del naciente sistema yorkino. En su *Monitor*, le otorgó un lugar privilegiado, presentando la exaltación como el grado que otorga sentido y plenitud a la obra del Maestro Masón[2].

Para Webb, la conmovedora leyenda de Hiram, tal como se experimenta en el tercer grado, quedaba insoportablemente inconclusa. El iniciado recibía la enseñanza de la pérdida y la resiliencia, pero aún carecía de la restauración. El Arco Real respondía a esa necesidad fundamental y trascendente: era el grado en el que la Palabra perdida se recuperaba, en el que el misterio del sepulcro encontraba su gloriosa resolución en el Templo reconstruido. De ahí su categórica afirmación de que la verdadera maestría solo se alcanza en el Arco Real.

Este planteamiento audaz no solo diferenciaba al Rito York de la Masonería inglesa, sino que dotaba a la Masonería en Estados Unidos de un valor centralista y culminante, en perfecta coherencia con el espíritu independiente de la nación.

3. La Organización Capitular: Un Acto de Soberanía Masónica

La consolidación institucional del Arco Real en Estados Unidos comenzó en 1797, con la convención preliminar de Capítulos en Boston, donde la necesidad de unificar y organizar el grado bajo una autoridad nacional se hizo evidente[6].

En enero de 1798, la asamblea en Hartford, Connecticut, dio a luz al *Grand Chapter of the Northern States of America*, el antecedente directo y glorioso del actual Gran Capítulo General[6]. Un año después, en enero de 1799, en Providence, Rhode Island, se adoptó formalmente el título de General Grand Chapter of Royal Arch Masons, la institución que desde entonces ha custodiado, estandarizado y difundido el Arco Real en Estados Unidos y en gran parte del mundo[6].

De este modo, el Arco Real no solo se estableció como la culminación doctrinal de la Masonería simbólica, sino que se afirmó como una institución organizada, con jerarquía y autoridad reconocida. Esa doble dimensión —simbólica en su esencia y organizacional en su estructura— es lo que ha conferido al Rito York su estabilidad inmutable y su identidad hasta hoy.

4. Significado Simbólico: La Restauración de la Palabra

El simbolismo del Arco Real se concentra enteramente en la restauración de lo perdido. Si el tercer grado confronta al iniciado con la experiencia ineludible de la muerte y la pérdida trágica, el Arco Real le ofrece la gloriosa esperanza de la recuperación y el hallazgo. La piedra clave o clave de bóveda, símbolo arquitectónico por excelencia, representa la pieza que corona el arco, que lo sostiene, y que da solidez a toda la construcción iniciática.

En el plano más profundo, el Arco Real enseña que la Verdad esencial puede ser ocultada y su Palabra perdida temporalmente, pero nunca se extingue definitivamente; que la Luz puede quedar velada, pero siempre espera ser reencontrada por la perseverancia. Es el grado de la plenitud cognoscitiva, donde el iniciado recibe la certeza liberadora de que la Obra no ha quedado trunca, sino que encuentra su consumación en la regeneración del Templo interior.

Este simbolismo de restauración resonó profundamente en la joven república americana. Así como el pueblo había recuperado su libertad tras años de sometimiento, el masón del Arco Real recuperaba la Palabra que parecía irrecuperable. En ambos casos, el mensaje ético era el mismo: lo esencial puede ser arrebatado por un tiempo, pero con esfuerzo, fidelidad al juramento y perseverancia puede ser restaurado y reconsagrado.

5. El Arco Real y la Afirmación de la Identidad Americana

La decisión deliberada de situar al Arco Real como la culminación indiscutible de la maestría fue un acto de afirmación de la soberanía masónica americana. Mientras que en Inglaterra el Arco Real fue reconocido como parte esencial de la Masonería, siempre se mantuvo en una relación de dependencia con la Logia Azul. En cambio, en Estados Unidos, se lo organizó como un grado capitular autónomo y culminante

Ese énfasis en la plenitud y la autonomía reflejaba el carácter de la nación. El Rito York no se conformó con ser un eco de los modelos europeos: se atrevió a dar un paso propio, a declarar que su sistema poseía una lógica interna, completa y distintiva. La centralidad del Arco Real se convirtió, así, en un signo inconfundible de la identidad americana: una Masonería más bíblica, más simbólica y más consciente de su misión de forjar ciudadanos virtuosos y constructores de la República.

6. Preservación y Fidelidad: La Custodia del Tesoro

El Arco Real, como la piedra clave que sostiene el edificio del Rito York, exige una custodia especialísima. Alterar sus rituales sagrados, traducir de forma inexacta sus palabras arcaicas o introducir innovaciones arbitrarias e imprudentes es poner en riesgo no solo un grado, sino la esencia misma del sistema.

Cada generación de masones yorkinos recibe este tesoro como una herencia sagrada, y tiene el deber de transmitirlo sin deformaciones, sin empobrecimiento y sin adiciones. La fidelidad al Arco Real es, por definición, fidelidad al Rito York, y la fidelidad al Rito York es la lealtad a la historia masónica de América.

Conclusión

El Arco Real no es meramente un grado más: es la piedra angular y de cierre del sistema yorkino. Sin la luz de su revelación, la Masonería simbólica quedaría trágicamente inconclusa, siendo una promesa sin cumplimiento. Con la exaltación, se consuma el viaje del Maestro, y el iniciado alcanza la plenitud de la iniciación con el hallazgo de la Palabra.

Para la Masonería americana, custodiar la pureza y la integridad del Arco Real no es una opción, sino una obligación histórica, ritual y moral. En su dramaturgia y en su simbolismo se entrelazan la búsqueda de la Verdad, la fidelidad innegociable al rito y el espíritu de la nación que lo vio consolidarse como su propia expresión ritual.

Preservar su pureza y su exactitud ritual es garantizar la continuidad de la promesa iniciática. Es asegurar que el Rito York siga siendo, en verdad, un patrimonio masónico americano que no solo honra a los Padres Fundadores, sino que también ilumina el camino de las futuras generaciones de constructores. El Arco Real es el sello de la perfección; su cuidado es la prueba del compromiso del mason con la Tradición y con la historia. Sin él, solo hay un fragmento; con él, hay un Templo completo.

Notas

- Hackett, Raymond. The Grand General Chapter of International Royal Arch Masonry: A Historical Sketch. Lexington, KY: GGC, 1950, p. 9.

- Webb, Thomas Smith. The Masonic Monitor; or, Illustrations of Freemasonry. Albany: Spencer and Webb, 1797, Royal Arch section.

- Carr, Harry. The Early History of the Royal Arch. London: Quatuor Coronati Lodge, 1958, pp. 14-15.

- Dyer, Colin. The Grand Stewards and Their Lodge. London: Lewis Masonic, 1985, pp. 88-89.

Conrado Milanés

- Mackey, Albert G. Encyclopedia of Freemasonry. Philadelphia: Moss & Co., 1873, vol. II, pp. 872-874. 6. Hackett, The Grand General Chapter, pp. 13-16.

Bibliografía

1. Hackett, Raymond. The Grand General Chapter of International Royal Arch Masonry: A Historical Sketch. Lexington, KY: GGC, 1950.

2. Webb, Thomas Smith. The Freemason's Monitor; or, Illustrations of Masonry. Albany: Spencer and Webb, 1797.

3. Carr, Harry. The Early History of the Royal Arch. London: Quatuor Coronati Lodge, 1958.

4. Dyer, Colin. The Grand Stewards and Their Lodge. London: Lewis Masonic, 1985.

5. Mackey, Albert G. Encyclopedia of Freemasonry. 2 vols. Philadelphia: Moss & Co., 1873.

CAPÍTULO VII

La Santa Biblia y las Tres Grandes Luces:

Fundamento Inmutable del Rito York

El Rito York encuentra en la Santa Biblia y en las Tres Grandes Luces de la Masonería —la Biblia, la Escuadra y el Compás— el núcleo de su enseñanza espiritual y moral. Ningún otro elemento refleja con tanta claridad la raíz cultural y religiosa de la Masonería americana, ni su empeño en vincular la vida iniciática con los principios de fe, rectitud y justicia.

Este capítulo recorre, en primer lugar, la presencia de la Biblia en los orígenes de la Masonería americana y su función como Volumen de la Ley Sagrada, fundamento de juramento y fidelidad a la palabra dada. Analiza después la posición de la Escuadra y el Compás en la tradición americana, subrayando las diferencias frente a Inglaterra y Europa continental, y culmina en la reflexión sobre la unidad de las Tres Grandes Luces como un lenguaje iniciático integral

A continuación, se estudia el lugar específico de las Tres Grandes Luces en el Rito York, así como sus contrastes con otras tradiciones masónicas. Se profundiza también en el simbolismo de la Biblia en los rituales, desde la apertura de trabajos hasta los juramentos, para finalmente subrayar el valor de la fidelidad ritual, recordando que la coherencia del sistema depende de custodiar intacto aquello que constituye su fundamento.

En síntesis, este capítulo propone que la Biblia, la Escuadra y el Compás no son simples adornos de la logia, sino las llaves pedagógicas y espirituales que iluminan el camino del masón yorkino, asegurando la continuidad de la tradición y su coherencia en el tiempo.

Introducción

En la Masonería yorkina, las Tres Grandes Luces —la Santa Biblia, la Escuadra y el Compás— forman un tríptico inseparable que constituye el corazón del altar masónico y el eje de los trabajos rituales. Aunque en otras tradiciones masónicas se admite colocar en el altar cualquier Libro de la Ley Sagrada según la fe del iniciado, el Rito York en Estados Unidos estableció desde sus inicios que la Biblia debía ocupar siempre el lugar central, como la primera y más fundamental de esas Tres Luces[1].

Este principio no fue fruto del azar, sino de una decisión consciente que refleja el espíritu de la joven república americana, profundamente enraizada en la tradición bíblica. Para los masones yorkinos, la Biblia no era un simple libro simbólico, sino el fundamento moral indispensable para la construcción del hombre y de la nación.

Para comprender esta centralidad es necesario recordar que la Biblia es en realidad una biblioteca de libros escritos a lo largo de más de mil años, con géneros que incluyen historia, poesía, profecía, ley, evangelios, cartas y literatura apocalíptica.

- En el judaísmo, la Torá, los Profetas y los Escritos (Tanaj) quedaron consolidados hacia el siglo I d.C.[2].

- En el cristianismo, los Evangelios, Hechos, Cartas apostólicas y el Apocalipsis fueron reconocidos como canónicos en concilios como los de Hipona (393) y Cartago (397)[3].

Existen así diversos cánones bíblicos: el hebreo (39 libros), el católico (73 libros), el protestante (66 libros) y el ortodoxo (con ligeras variaciones). Las traducciones marcaron la historia: la Septuaginta en griego, la Vulgata de san Jerónimo en latín (siglo IV), la Biblia Reina-Valera en español (siglo XVI) y la King James Version en inglés (1611)[4].

Cuando la Masonería especulativa se consolidó en el siglo XVIII, la Biblia ya era un referente cultural universal en Occidente: no solo un texto religioso, sino fuente de moral, derecho, literatura y cultura política. Así, al pasar de Europa a América, la Masonería yorkina encontró en la Biblia no solo un símbolo, sino un pilar de identidad nacional y masónica.

1. La Biblia en los orígenes de la Masonería americana

Desde las primeras logias coloniales del siglo XVIII, los masones americanos colocaron la Biblia abierta sobre el altar. La edición de las Constitutions de Anderson, reimpresa en Filadelfia en 1734 por Benjamin Franklin, difundió en suelo americano las normas y el espíritu de la Masonería especulativa, incluyendo el uso de un Libro de la Ley Sagrada en logia[5].

En Europa este concepto podía interpretarse con amplitud, permitiendo que el Volume of Sacred Law fuese la Torá, el Corán u otro texto. En América, en cambio, se asumió con especificidad: la Biblia cristiana se convirtió en la norma común de las logias, reflejando la fe mayoritaria de la población y la convicción de que la moral bíblica proporcionaba el marco ético para cimentar la república.

En las logias azules del Rito York, práctica aún vigente, la Biblia permanece siempre en el altar como Gran Luz central. Cuando un candidato profesa otra religión, se coloca temporalmente su libro sagrado (el Corán, la Torá, los Vedas, etc.), pero terminado el ritual se retira y la Biblia vuelve a ocupar su lugar central y permanente[6].

Esto distingue a la Masonería americana de la inglesa: mientras la UGLE reconoce cualquier Volume of Sacred Law como equivalente, en Estados Unidos la Biblia es el libro predominante del altar, expresión de la herencia cultural de la nación y del carácter espiritual del Rito York.

2. La Biblia como Volumen de la Ley Sagrada

En el Rito York, la Biblia ocupa el lugar de Volumen de la Ley Sagrada. No es solo un libro religioso, sino el fundamento de los juramentos masónicos, de la moralidad del iniciado y del símbolo de la verdad revelada que guía la conciencia.

Albert G. Mackey escribió:

"La Biblia se utiliza entre los masones como símbolo de la voluntad de Dios, sea cual sea su expresión."[7]

El juramento sobre la Biblia recuerda al masón que todo compromiso en la Orden es también un compromiso con Dios, con su conciencia y con la sociedad.

3. La Escuadra y el Compás en la tradición americana

En el Rito York, la Escuadra y el Compás se colocan siempre sobre la Santa Biblia, expresando que la rectitud y la justa medida solo tienen sentido cuando descansan en la verdad revelada.

Esta disposición es obligatoria en todas las logias del Rito York. En Inglaterra y en la UGLE, en cambio, se permite que el altar contenga cualquier Volume of Sacred Law[8]. En Francia, desde fines del siglo XVIII y con la decisión de 1877 del Gran Oriente, muchas logias retiraron la Biblia y colocaron en su lugar documentos civiles como la Declaración de los Derechos del Hombre[9].

Thomas Smith Webb reafirmó la enseñanza en su Monitor (1797):

"La Santa Biblia, la Escuadra y el Compás son llamadas las tres Grandes Luces de la Masonería. Por la Biblia se nos enseña a regular nuestra fe; por la Escuadra, a regular nuestras acciones; y por el Compás, a mantenernos dentro de los debidos límites con toda la humanidad."[10]

4. La unidad de las Tres Grandes Luces

Las Tres Grandes Luces no son símbolos aislados, sino un lenguaje iniciático único. La Biblia es el fundamento espiritual, la Escuadra regula la conducta externa y el Compás mide la proporción de la vida interior.

Henry W. Coil explica:

"Se llaman 'luces' porque iluminan el camino del masón en todas sus dimensiones: espiritual, moral y racional."[11]

En el Rito York, ver las Tres Grandes Luces reunidas en el altar enseña al iniciado que la fe, la conducta y la disciplina interior forman un sistema integral.

5. Las Tres Grandes Luces en el Rito York

En el Rito York, este tríptico constituye el núcleo pedagógico del sistema:

- La **Biblia** como fundamento espiritual.
- La **Escuadra** como norma de rectitud y justicia.
- El **Compás** como medida y límite de las pasiones.

Masonería no es ética abstracta, sino escuela de vida apoyada en principios trascendentes[12].

"Por la Biblia, se nos enseña a regular nuestra fe; por la Escuadra, a regular nuestras acciones; y por el Compás, a mantenernos dentro de los límites adecuados con toda la humanidad."[13]

Coil añade:

"Las Grandes Luces son fundamentales para la Masonería porque forman la base sobre la que descansan todo ritual, simbolismo y enseñanza moral."[14]

6. Diferencias con otras tradiciones masónicas

En Estados Unidos, la Biblia es siempre la Gran Luz central. Incluso cuando se coloca otro libro sagrado en la iniciación, este es temporal y la Biblia vuelve a ocupar su lugar[15].

Un hecho solemne lo ilustra: el 30 de abril de 1789, George Washington, masón y primer presidente de la nación, juró su cargo sobre la Biblia masónica de la Logia St. John's No. 1 de Nueva York. Una edición de 1767 de la King James Version, que desde entonces se conserva como reliquia en dicha logia[16]. Con este gesto, la Biblia masónica se convirtió en fundamento de la vida política y masónica de la nación.

En Inglaterra (UGLE), desde 1813 se admite la pluralidad de Volumes of Sacred Law, reflejo de un espíritu más pluralista[17].

En América Latina, predomina la Biblia (Reina-Valera o católica), aunque en el siglo XIX algunas logias influidas por Francia intentaron sustituirla por documentos civiles[18].

En Francia, el Gran Oriente eliminó en 1877 la Biblia del altar y la reemplazó por la Declaración de los Derechos del Hombre[19].

La diferencia es clara: mientras otros países relativizaron o incluso eliminaron la Biblia, en Estados Unidos la Masonería yorkina la preservó como símbolo inmutable y no negociable.

7. El simbolismo de la Biblia en los rituales

El ritual yorkino enseña que la Biblia es la Gran Luz en Masonería. Sobre ella se pronuncian las Obligaciones y reposan la Escuadra y el Compás.

Mackey escribió:

"La Biblia es llamada con razón la gran luz de la Masonería, pues de ella fluyen todas aquellas verdades morales y religiosas que deben iluminarnos y guiarnos en la búsqueda de los tesoros de la Francmasonería."[20]

El juramento sobre la Biblia no es formalismo: es un compromiso espiritual ante Dios y la conciencia.

8. El valor de la fidelidad ritual

La Biblia en el altar yorkino es garantía de validez y continuidad. Mackey lo afirma:

"Sin la presencia de la Santa Biblia en el altar, la obligación de un masón no sería vinculante, porque carecería de la solemnidad de una promesa hecha ante la vista de Dios."[21]

En Europa, especialmente en Francia tras 1877, la Biblia fue retirada[22]. En Estados Unidos, en cambio, su permanencia se defendió como señal de identidad.

La fidelidad ritual no es rigidez, sino conciencia de que los símbolos transmiten una verdad permanente. Custodiar la Biblia en el altar es custodiar el alma del Rito York.

Conclusión

La Santa Biblia y las Tres Grandes Luces constituyen el corazón del Rito York. Desde los orígenes hasta hoy, la Masonería americana ha preservado la Biblia como fundamento de la moralidad y de la iniciación.

En Estados Unidos, la Biblia no se impone como dogma, sino que se ofrece como símbolo universal de la verdad revelada y de la fidelidad masónica. Su permanencia en el altar no es una imposición, sino una fidelidad al espíritu fundacional.

Por eso, con respeto y fraternidad, puede afirmarse que en el Rito York de Estados Unidos la Biblia no es negociable: no porque excluya, sino porque asegura que toda palabra dada se apoya en un principio superior.

Conrado Milanés

Bibliografía

1. UGLE. Book of Constitutions – Rules of the Craft. London: United Grand Lodge of England, 2025.

2. Collins, John J. Introduction to the Hebrew Bible. Minneapolis: Fortress Press, 2018.

3. Bruce, F. F. The Canon of Scripture. Downers Grove: InterVarsity Press, 1988.

4. McGrath, Alister. In the Beginning: The Story of the King James Bible. New York: Anchor Books, 2002.

5. Franklin, Benjamin (ed.). The Constitutions of the Free-Masons. Philadelphia: Franklin, 1734.

6. Coil, Henry W. Coil's Masonic Encyclopedia. Richmond: Macoy, 1961.

7. Mackey, Albert G. A Lexicon of Freemasonry. Philadelphia: Moss, 1869.

8. UGLE. Information for the Guidance of Members of the Craft. London: United Grand Lodge of England, 2024.

9. Dachez, Roger. Freemasonry. Paris: Presses Universitaires de France, 2003.

10. Webb, Thomas Smith. The Freemason's Monitor; or, Illustrations of Masonry. Albany: Spencer and Webb, 1797.

11. Coil, Henry W. Coil's Masonic Encyclopedia. Richmond: Macoy, 1961.

12. Dumenil, Lynn. Freemasonry and American Culture, 1880–1930. Princeton: Princeton University Press, 1984

13. Webb, Thomas Smith. The Freemason's Monitor. Albany: Spencer and Webb, 1797.

14. Coil, Henry W. Coil's Masonic Encyclopedia. Richmond: Macoy, 1961.

15. Coil, Henry W. Coil's Masonic Encyclopedia. Richmond: Macoy, 1961.

16. Masonic Library and Museum of St. John Lodge No. 1, New York. The Inaugural Bible of George Washington. Accessed 2024.

17. UGLE. Book of Constitutions: Rules of the Craft. London: United Grand Lodge of England, 2025.

18. Ferrer Benimeli, José Antonio. Freemasonry in 18th-Century Spain. Zaragoza: Caja de Ahorros, 1976.

19. Dáchez, Roger. Freemasonry. Paris: Presses Universitaires de France, 2003.

20. Mackey, Albert G. A Lexicon of Freemasonry. Philadelphia: Moss, 1869.

21. Mackey, Albert G. An Encyclopedia of Freemasonry. Philadelphia: Lippincott, 1873.

22. Dáchez, Roger. Freemasonry. Paris: Presses Universitaires de France, 2003.

CAPÍTULO VIII

El Ritual como Patrimonio Nacional:

La Columna de la Tradición Americana

Entender el ritual como patrimonio nacional no significa estatalizarlo ni reducirlo a un museo de costumbres polvorientas, sino reconocer su valor cultural, histórico y formativo esencial para la comunidad que lo vive y lo transmite. En el caso del Rito York, este capítulo presenta el nacimiento y consolidación del ritual en suelo americano como un proceso de decantación progresiva: prácticas dispersas que se unificaron, vocabularios que se fijaron en fórmulas estables, y gestos que adquirieron codificación y continuidad. El Rito York es la columna de identidad de la Masonería en América.

Se examinan los riesgos graves de la alteración arbitraria, así como la insidia de las traducciones apresuradas, capaces de desvirtuar secuencias simbólicas, términos técnicos e incluso sentidos teológicos profundos. La comparación con otros ritos —Escocés, Francés, Emulación— no busca establecer jerarquías, sino mostrar la existencia de familias rituales con acentos distintos dentro de un mismo tronco iniciático.

La conclusión es un llamado ineludible a la responsabilidad: el ritual no es propiedad de una generación, sino una herencia viva. Custodiarlo es asegurar que continúe cumpliendo su misión de formar hombres libres y de buenas costumbres, en continuidad con la mejor tradición masónica que ha dado identidad singular a la Masonería en América.

1. El Ritual: La Columna Vertebral de la Orden

La Masonería no reside en documentos administrativos ni en estructuras externas: vive y respira en su ritual. Es el ritual el único vehículo capaz de transmitir de generación en generación las enseñanzas simbólicas y espirituales del Arte Real. Es la memoria muscular de la Orden.

El sabio Albert Mackey lo expresa con claridad meridiana:

"El Ritual es la forma externa en que se expresan las verdades internas de la Masonería. Alterar esa forma es poner en riesgo la verdad que contiene."[1]

El ritual es, por tanto, la columna vertebral inmutable de la Orden, el lenguaje sagrado que une a los masones más allá de las barreras del tiempo y del espacio.

2. El Nacimiento Autóctono del Ritual Yorkino

A diferencia de otros ritos que fueron importados y adaptados, el Rito York tomó cuerpo y alma en los Estados Unidos. Aunque su raíz proviene de las tradiciones británicas, fue en suelo americano donde se consolidó como un sistema organizado y completo (Logias, Capítulos, Consejos y Comanderías).

Esto significa que el ritual yorkino es hijo legítimo de la historia y de la cultura estadounidense. Nació en idioma inglés, se formó en la atmósfera de la Revolución Americana y se impregnó del espíritu patriótico y constructivo de los fundadores de la república.

Por esta razón histórica y espiritual, más que un simple ritual masónico, el Rito York debe considerarse un patrimonio nacional, inmaterial y formativo, tan característico de Estados Unidos como su Constitución o sus símbolos cívicos. El Rito es la prosa moral de la nación.

3. El Peligro de las Alteraciones: La Traición a la Herencia

Cuando un ritual, la fórmula maestra de la Orden, se modifica sin autorización y sin conciencia histórica, se corre un doble riesgo catastrófico:

Pérdida de Sentido Iniciático: Cada palabra, cada gesto, cada pausa dramática en el ritual tiene una intención pedagógica y espiritual precisa.

Cambiar un solo elemento puede romper la cadena de transmisión y vaciar el símbolo de su contenido. El ritual deja de ser instrucción viva para ser teatro vacío.

Desarraigo Histórico: Alterar el ritual es desconocer el contexto sagrado en el que nació y traicionar el pacto con el pasado. Es equiparable a modificar los artículos fundamentales de la Constitución para adaptarlos a modas pasajeras o caprichos generacionales: se pierde la esencia fundacional de lo que se quiso transmitir.

El eminente Albert Pike, aunque asociado al Rito Escocés, advirtió contra estas deformaciones con lucidez:

"La Masonería no es invención de hombres modernos. Es tradición. Cambiar sus ritos, alterar sus símbolos o adaptar sus fórmulas a caprichos del momento es traicionar la herencia que hemos recibido."[2]

4. El Problema Crítico de las Traducciones

Uno de los riesgos más serios en la difusión internacional del Rito York es el de la traducción descuidada. El Rito nació en inglés y muchas de sus expresiones tienen un sentido teológico, legal o filosófico profundo que no siempre puede trasladarse de manera literal o superficial a otros idiomas.

Un ejemplo crucial es la distinción entre *Obligation* y *Oath*, es decir, Obligación y Juramento:

- **Obligation(Obligación)**: Significa un vínculo perpetuo que ata la conciencia del iniciado con un deber moral y espiritual. Implica una deuda y una ligazón profunda.

- **Oath(Juramento):** Significa la declaración solemne o la promesa de cumplimiento bajo sanció

En el ritual yorkino, lo que se toma es una *Obligation*, una atadura de conciencia superior, y no traducirlo correctamente empobrece radicalmente el sentido iniciático del Rito. La traducción debe ser un acto de fe y erudición.

5. El Rito York en el Concierto de Ritos: Un Perfil Americano

Cada rito masónico refleja el espíritu telúrico de la tierra y el tiempo donde se consolidó:

- **El Rito Escocés Antiguo y Aceptado (REAA):** Con su sistema de 33 grados, expresa la herencia continental europea y francesa, marcada por la influencia ilustrada y la efervescencia revolucionaria del siglo XIX.

- **El Rito Francés o Moderno**: Refleja la racionalidad filosófica de la Ilustración y su énfasis en la libertad de pensamiento, característicos de la Francia post-revolucionaria.

- **El Rito de Emulación (Inglaterra):** Conserva la sobriedad británica, con una liturgia breve y centrada en la tradición monárquica y anglicana, enfocada en la armonía.

El Rito York, en cambio, es americano en su médula y esencia:

- Se organiza de manera federal, como nuestra misma nación.

- Sus símbolos evocan la reconstrucción, el deber y la libertad.

- Su lenguaje refleja la experiencia de los Padres Fundadores y del pueblo estadounidense en su lucha por la independencia.

Así, el Rito York se distingue porque no fue adoptado pasivamente, sino creado, estructurado y nutrido en Estados Unidos, en paralelo con la consolidación de la república.

6. El Deber de Custodia: El Juramento Más Allá del Ritual

El masón es, por definición intrínseca, un custodio de la tradición. Así como los fundadores de la nación se obligaron con su vida, su honor y su fortuna a mantener la independencia, así también el iniciado se obliga —más allá del juramento formal— a preservar la pureza inalterada del ritual.

Thomas Smith Webb, el arquitecto del Rito, dejó este mandato claro:

"Cada palabra del ritual tiene un peso, cada símbolo tiene una lección. Ninguno puede ser cambiado sin destruir la armonía del todo."[3]

El deber del masón yorkino, entonces, es cristalino y urgente: respetar, transmitir y proteger el ritual tal como lo recibió, para que las futuras generaciones lo reciban íntegro, prístino y potente.

Conclusión

El ritual yorkino es mucho más que una serie de palabras y gestos; es la condensación sublime de la historia, los valores y el espíritu de una nación y de su Masonería. Custodiarlo es custodiar no solo la forma de la Orden, sino la memoria iniciática de los hombres que lo forjaron en los albores de la república.

Por eso, frente a las tentaciones de alterarlo por ignorancia o de traducirlo sin el debido rigor filológico, el masón fiel debe recordar su puesto de vigía: nuestra misión no es innovar, sino conservar, proteger y transmitir con celo.

El Rito York es un patrimonio que no nos pertenece en propiedad, sino en sagrada custodia.

Esta custodia no es un fin en sí misma, sino el medio fundamental para un fin superior: mantener la vigencia de las Tres Grandes Luces y la capacidad del Rito para transformar a los hombres en Constructores conscientes del bien común. Al asegurar la integridad ritual, el masón yorkino asegura la coherencia histórica del sistema y su perdurabilidad ética en la sociedad. La fidelidad es la garantía de que el Espíritu Masónico Americano no se desvanezca.

Notas

- Albert G. Mackey, Encyclopedia of Freemasonry (Philadelphia: Moss & Co., 1873), title "Ritual."

- Albert Pike, Morality and Dogma of the Ancient and Accepted Scottish Rite of Freemasonry (Charleston: Supreme Council, 1871), 231.

- Thomas Smith Webb, The Freemason's Monitor, or Illustrations of Masonry (Albany: Spencer & Webb, 1797), 44.

Bibliografía

1. Mackey, Albert G. An Encyclopedia of Freemasonry. Philadelphia: Moss & Co., 1873.

2. Pike, Albert. Morality and Dogma of the Ancient and Accepted Scottish Rite of Freemasonry. Charleston: Supreme Council, 1871.

3. Webb, Thomas Smith. The Mason's Monitor, or Illustrations of Freemasonry. Albany: Spencer & Webb, 1797.

CAPÍTULO IX

Rito y Ritual: Esencia y Diferencia

Este capítulo propone una distinción necesaria y a menudo olvidada: el Rito es arquitectura, el Ritual es liturgia viva. El Rito establece el sistema en su totalidad: su lógica interna, la jerarquía de los grados, su teleología y el horizonte que orienta la iniciación. Es la Carta Magna que define el universo masónico. El Ritual, en cambio, es la liturgia viva que encarna al Rito en palabras, gestos, símbolos y tiempos. Es el aliento que insufla vida al armazón.

Confundir ambos planos empobrece el análisis e impide comprender cómo las adaptaciones históricas —lingüísticas, culturales o formales— pueden realizarse sin que se pierda la identidad esencial. El Rito constituye el esqueleto inmutable, la estructura pétrea que resiste el tiempo, mientras que el Ritual es la piel dinámica que lo reviste y lo hace visible y palpable en cada generación y latitud. Esta piel puede mudar o adaptarse al clima, pero el hueso permanece intacto.

El capítulo repasa experiencias en suelo americano donde esta diferenciación permite leer con mayor precisión los cambios ocurridos sin fracturas, y subraya la misión sagrada de los custodios —autoridades, instructores y cuerpos rituales— en el delicado equilibrio entre la fidelidad innegociable a la Tradición y la legibilidad y resonancia en el presente.

La enseñanza pedagógica para el masón yorkino es concreta y vital: saber distinguir qué pertenece a la forma efímera y qué al principio eterno, qué puede ajustarse a los tiempos y lenguas sin traicionar la esencia y qué debe preservarse como núcleo irreductible e inalterable del sistema. Solo así se asegura la continuidad del Rito York como patrimonio vivo y vibrante de la Masonería en América.

1. El Rito: La Arquitectura Sagrada de la Masonería

El Rito es el conjunto estructurado, coherente y metafísico de grados, símbolos y enseñanzas que conforman un sistema masónico completo. Es la arquitectura iniciática completa, con su historia fundacional, su espíritu filosófico y su desarrollo progresivo. Es el plan maestro del constructor.

Albert Mackey, con su claridad característica, lo definió así:

"Un Rito masónico es un sistema de grados, con su doctrina, ceremonias y símbolos, organizado en un cuerpo coherente."[1]

El Rito York representa precisamente esto: un sistema organizado que abarca con una misma lógica desde los tres grados simbólicos hasta los cuerpos capitulares, crípticos y templarios. Su carácter federal y patriótico refleja, de manera inconfundible, la identidad de la nación en la que nació y se consolidó, siendo un espejo de la libertad y el orden constitucional.

2. El Ritual: La Liturgia Viva y Activa del Rito

El Ritual es la forma dinámica y performativa mediante la cual se expresa y se hace realidad el Rito en la logia. Son las palabras exactas, los gestos medidos, los silencios solemnes y las ceremonias que hacen posible que las enseñanzas, los principios y la energía del Rito pasen, como una corriente eléctrica, de una generación a otra.

Mackey lo distinguía del Rito con precisión quirúrgica:

"El Ritual es la forma externa en la que se expresan y comunican los principios de un Rito."[2]

Henry Wilson Coil, un siglo después, reafirmó esta diferencia con una analogía clara:

"El Rito es el sistema completo de grados; el Ritual es el modo en que esos grados se confieren. Cambiar el Ritual es alterar la experiencia, aunque el sistema permanezca intacto."[3]

El Ritual es, por tanto, la herramienta pedagógica que traduce la metafísica del Rito en una experiencia sensible, emotiva y transformadora.

3. La Diferencia Esencial: Estructura vs. Expresión

La distinción entre ambos planos es crucial para la preservación de la Masonería:

— **Alterar el Rito** significa cambiar la estructura misma (por ejemplo, eliminar o añadir grados que forman parte integral del sistema). Es una mutación estructural que atenta contra la identidad.

— **Alterar el Ritual** significa deformar la manera en que esas enseñanzas se transmiten (palabras, traducciones, gestos). Es una deformación expresiva que amenaza la pureza de la experiencia.

Ambas alteraciones son graves, un sacrilegio a su manera, pero el Ritual es más vulnerable porque depende de la fidelidad inquebrantable de la transmisión práctica. La memoria del hombre es frágil.

Thomas Smith Webb, un padre fundador del Ritual americano, advirtió ya en 1797 sobre esta fragilidad:

"Cada palabra del Ritual tiene un peso; cada símbolo tiene una lección. Ninguno puede ser cambiado sin destruir la armonía del todo." [4]

El masón debe ser consciente de que el Ritual es una partitura inalterable que debe ser ejecutada con la máxima reverencia y precisión.

4. Rito y Ritual en la Historia Americana: Un Legado Entrelazado

El Rito York se consolidó en Estados Unidos como un sistema completo y organizado, un faro para la Masonería mundial. Sus rituales, que hasta entonces eran una tradición oral fluctuante, fueron recogidos, estandarizados y codificados en inglés por la labor titánica de Webb y otros autores.

De esta manera, el Rito y el Ritual quedaron indisolublemente entrelazados en la historia americana: el primero como el sistema de grados que ofrecía una ruta iniciática completa; el segundo como su expresión viva y regulada en logias, capítulos y comanderías. Esta codificación no fue una innovación, sino un acto de preservación contra la dilución y el olvido.

5. Los Custodios: Guardianes de la Llama y de la Palabra

La Masonería, como toda tradición esotérica, ha contado siempre con custodios del Rito y del Ritual: hermanos encargados, por vocación y deber, de preservar la exactitud diamantina en la transmisión. Ellos son la memoria viva de la Orden.

Allen E. Roberts, al explicar la función de los oficiales en la logia, lo recordaba con severidad:

> "Los oficiales de la logia son más que administradores: son guardianes de la tradición, responsables de que el Ritual se transmita sin error ni innovación."[5]

Estos custodios son la garantía histórica de que la luz y el conocimiento que recibió un Aprendiz en el siglo XIX sea, en esencia y en forma, exactamente lo mismo que recibe un Aprendiz en el siglo XXI. Su labor es un sacerdocio de la fidelidad.

6. La enseñanza para el Masón Yorkino

Comprender la diferencia entre Rito y Ritual constituye uno de los primeros actos de madurez iniciática para el Masón Yorkino, pues de ello depende su responsabilidad dentro de la cadena de transmisión.

El **Rito** es el patrimonio masónico americano, inmutable y sagrado, que debe conservarse en toda su integridad estructural y doctrinal. Es la herencia que no puede ser hipotecada ni alterada.

El **Ritual**, en cambio, es la liturgia viva mediante la cual ese patrimonio se actualiza en cada trabajo. Debe practicarse con una fidelidad escrupulosa: sin palabras cambiadas, sin gestos descuidados y sin traducciones imprecisas que distorsionen su sentido profundo. En él reside la llave que permite al iniciado acceder a la herencia espiritual del Rito.

El deber ineludible del iniciado es ser un eslabón consciente dentro de esa cadena ininterrumpida de transmisión fiel, asegurando que la Luz no se atenúe por su negligencia, sino que continúe brillando con pureza para las generaciones futuras.

Conclusión

El **Rito** es la arquitectura espiritual y filosófica de la Masonería Yorkina: el plan eterno dictado por el Gran Arquitecto del Universo. El **Ritual** es su liturgia viva, la ejecución de esa arquitectura en el tiempo y el espacio sagrado de la logia, transformando la teoría en experiencia. La diferencia es clara, pero la unión es su fuerza: la liturgia da vida al sistema, y el sistema da forma a la liturgia.

Custodiar ambos es custodiar la esencia misma de la Orden y el espíritu fundacional del Rito York. El Masón Yorkino no es, por tanto, un simple practicante de una ceremonia, sino un guardián de un doble y sagrado legado:

– **Guardián del Rito:** de su estructura de grados, su teología y su espíritu constitucional nacido en América. Debe defender su integridad frente a la mutación.

– **Guardián del Ritual:** de la pureza de sus palabras, la precisión de sus gestos y la solemnidad de su ejecución. Debe defender su forma ante la negligencia o la innovación.

Esta distinción no es un mero ejercicio académico, sino un imperativo de supervivencia. Solo al comprender que la forma (Ritual) debe servir al principio (Rito), el Masón Yorkino puede ejercer su deber de manera consciente. Él es el sacerdote que oficia el Ritual, y al hacerlo, asegura que el corazón del Rito York siga latiendo en cada logia, iluminando el sendero de las generaciones futuras con una Luz que nunca ha sido corrompida ni disminuida. Su fidelidad es la garantía de la inmortalidad iniciática de la Orden

Notas

- Albert G. Mackey, Encyclopedia of Freemasonry (Philadelphia: Moss & Co., 1873), title "Rite."

- Mackey, Encyclopedia of Freemasonry, title "Ritual."

- Henry Wilson Coil, Coil's Masonic Encyclopedia (Richmond, VA: Macoy Publishing, 1961), title "Ritual."

- Thomas Smith Webb, TheAllen E. Roberts, The Craft and Its Symbols (Richmond, VA: Macoy Publishing, 1974), 9.

Bibliografía

1. Coil, Henry Wilson. Coil's Masonic Encyclopedia. Richmond, VA: Macoy Publishing, 1961.

2. Mackey, Albert G. An Encyclopedia of Freemasonry. Philadelphia: Moss & Co., 1873.

3. Roberts, Allen E. The Craft and Its Symbols. Richmond, VA: Macoy Publishing, 1974.

4. Webb, Thomas Smith. The Freemason's Monitor, or Illustrations of Masonry.

5. Albany: Spencer & Webb, 1797. Freemason's Monitor, or Illustrations of Masonry (Albany: Spencer & Webb, 1797), 44.

CAPÍTULO X

La Obligación y el Juramento:

El Vínculo Inmutable y la Conciencia

La distinción entre obligación (*Obligation*) y juramento (*Oath*) ocupa un lugar esencial y medular en la tradición masónica, particularmente en el Rito York. Es una diferencia sutil pero monumental, que marca la línea divisoria entre el acto externo y el compromiso interior. Mientras el juramento pertenece al ámbito civil y legal, como expresión externa y verbal de un compromiso ante testigos, la obligación es de naturaleza más profunda, metafísica e iniciática: constituye un vínculo inmutable, una alianza sagrada libremente asumida ante el Gran Arquitecto del Universo, la conciencia individual y la Logia. El juramento puede exigir palabras al aire; la obligación demanda vida, acción y el honor del alma.

Este capítulo examina el sustrato etimológico de ambos términos, así como su desarrollo en la tradición anglosajona, mostrando que confundirlos conduce a errores conceptuales, pedagógicos y espirituales. Una mala traducción o una equiparación indiscriminada no es un detalle menor; es una fractura semántica que altera el sentido de los deberes, rebaja el nivel del compromiso a un mero formalismo y desdibuja la pedagogía iniciática que diferencia magistralmente lo externo de lo interno, lo legal de lo espiritual. La Masonería no busca abogados, sino hombres de honor atados por un lazo interno.

Se analizará el lugar primordial de la obligación en relación con los *Landmarks* (los antiguos linderos inamovibles de la Orden), donde la fidelidad a la palabra empeñada en conciencia es presentada como condición de la regularidad y legitimidad masónica. También se revisarán ejemplos históricos en la vida cívica americana, en los que la palabra dada —el compromiso de la conciencia— sostuvo la virtud pública y consolidó la confianza social y la fundación de la República.

La tesis central que guiará el capítulo es clara y didáctica, grabada a cincel: No es el Juramento lo que hace al Masón; lo que lo hace Masón es la **OBLIGACIÓN**. Tal afirmación no rebaja la solemnidad del juramento, sino que lo sitúa en su justa jerarquía: como signo externo y visible que encuentra su fuerza y validez en la sujeción voluntaria del iniciado a una norma moral más alta, que no depende de coacción externa o castigo, sino de la integridad interior y el honor. El Juramento es la puerta, la Obligación es el camino.

1. Etimología y Sentido Original: El Lazo vs. La Declaración

La palabra Obligación proviene del latín *ob-ligare* (*ob* = "hacia" + *ligare* = "atar, ligar"), que significa literalmente "atar fuertemente". Desde el derecho romano (*obligatio*), designaba un vínculo jurídico que ataba al deudor con el acreedor, como si existiera una cuerda invisible entre ambos[1]. En el ámbito moral y religioso, la palabra trascendió el derecho para significar el lazo sagrado que une a la conciencia con un deber superior, eterno e ineludible.

El Juramento en cambio, proviene del latín *iuramentum*, que significa "declaración solemne hecha bajo invocación divina"[2]. Es un acto declarativo y verbal de la voluntad, donde se invoca a la deidad como testigo del compromiso.

Obligación → Vínculo perpetuo que ata la conciencia al deber. Es la sustancia inmaterial.

Juramento → Acto solemne, declaración verbal invocando lo sagrado. Es la forma ritual.

En Masonería, ambas realidades existen y son fundamentales, pero no son equivalentes.

2. La Obligación en la Masonería Anglosajona: El Corazón de la Promesa

En el idioma original del Rito York, el inglés, la palabra utilizada es *Obligation(Obligación)*, no *Oath(Juramento)*. El ritual, en su pureza, pregunta al iniciado si está dispuesto a "*take upon yourself a solemn obligation*" (*tomar sobre sí una solemne obligación*).

Esto deja meridianamente claro que lo que define al masón y lo integra al Arte Real no es solo el acto formal de jurar, sino la Obligación inscripta que asume sobre su ser. La *Obligation* es la carga de honor que el masón acepta llevar.

Albert Mackey, con su autoridad indiscutible, lo explica así:

"El juramento es la forma, pero la obligación es la sustancia. Sin la obligación, el juramento es un sonido vacío."[3]

El Juramento es el testimonio público de un compromiso; la Obligación es el compromiso íntimo que da valor al testimonio.

3. El Error de las Malas Traducciones: La Pérdida Semántica

En muchos países donde el Rito York o ritos similares se tradujeron al español, el término *Obligation* fue traducido erróneamente como "juramento". Este desliz lingüístico es una falla conceptual grave que socava la pedagogía masónica:

- Se transmite la idea de que el masón solo "jura" ante otros, centrando el compromiso en la vigilancia externa.
- Se pierde el sentido de vínculo perpetuo con la conciencia, que es el verdadero motor moral.
- Se reduce la profundidad iniciática a un acto formal que podría ser roto si no hay consecuencias visibles.

El error se repite aún hoy, diluyendo la enseñanza. Lo correcto es explicar que el iniciado jura (solemniza) cumplir con sus obligaciones (se ata al deber), pero que lo esencial es la Obligación misma, porque es lo que lo ata de manera indisoluble al Arte Real, como un ancla en su alma.

4. El Valor Superior de la Obligación: El Compromiso Perpetuo

La diferencia jerárquica puede comprenderse con una analogía legal y espiritual.

. Un **juramento** puede ser una declaración condicional, dependiente de testigos o de un contexto formal; por ello, puede romperse, repetirse o incluso anularse.

. La **obligación**, en cambio, es perpetua e innegociable: no depende de que alguien la oiga o la registre, porque queda inscrita en el tribunal supremo de la conciencia. Es el lazo que trasciende toda formalidad exterior, y que ni siquiera la muerte puede disolver completamente.

. **El juramento es hacia afuera** —la forma visible y la teatralidad del acto—; **la obligación es hacia adentro** —la verdadera transformación del ser—. Por eso, en Masonería se enseña que la Obligación está por encima del juramento.

Por eso, en Masonería se insiste en que la Obligación está por encima del juramento. Thomas Smith Webb, el codificador del Rito York, lo afirmó con fuerza:

"El juramento sin obligación es una sombra sin sustancia. La obligación es lo que hace al masón."[4]

5. La Obligación y los *Landmarks*: El Eje de la Regularidad

La Obligación Masónica es más que una costumbre ritual; es un pilar inmutable de la Masonería universal. Mackey, en su enumeración clásica de los *Landmarks* ("antiguos linderos" que no pueden ser removidos), sitúa la Obligación como uno de los elementos esenciales de la Orden[5].

Los *Landmarks* protegen lo esencial del Arte Real, definiendo la identidad masónica.

La Obligación es el *Landmark* que protege el vínculo moral y espiritual del masón, garantizando la integridad del compromiso.

No puede concebirse una Masonería regular sin la Obligación. Es la fuerza centrípeta que mantiene unido al cuerpo místico.

6. Ejemplos Históricos en la Nación Americana: Honor y Fundación

Este principio de obligación consciente no es solo masónico, sino que cimienta la ética fundacional del continente, resonando con el espíritu del Rito York.

Cuando los Padres Fundadores firmaron la Declaración de Independencia (1776), el cierre del texto no fue un simple juramento legal, sino una Obligación existencial:

"Nos comprometemos mutuamente nuestras vidas, nuestras fortunas y nuestro sagrado honor."

Esto fue una obligación asumida con la propia existencia, una entrega total de su ser. De igual modo, George Washington al aceptar la comandancia del Ejército Continental en 1775, lo hizo sin salario, movido solo por el deber de servir a su patria. Esa fue una obligación moral perpetua, no un juramento contractual. La Masonería yorkina y la historia americana comparten esta convicción: la obligación es lo que ata el alma al deber, forjando el carácter.

7. La Obligación como Cimiento de la Pureza Ritual

El concepto de fidelidad y protección del rito y de sus secretos descansa enteramente en la Obligación. El Masón no guarda silencio y respeto porque haya jurado ante otros, sino porque está obligado en conciencia a hacerlo. Es un acto de voluntad moral.

Este punto es fundamental para la pureza ritual: si se traduce mal, si se reemplaza "obligación" por "juramento", se debilita el sentido mismo de ese compromiso perpetuo. Proteger el idioma original y las traducciones correctas no es un asunto secundario, sino parte del deber del masón yorkino, un guardián de la palabra exacta.

8. Conexión Inseparable con el Patrimonio del Rito York

Dado que el Rito York es un patrimonio americano y anglosajón, con un lenguaje cargado de simbolismo preciso, es deber ineludible de todo masón custodiar las palabras exactas que lo transmiten. No se debe permitir que traducciones o costumbres foráneas alteren la esencia. Al contrario, los países que lo practiquen deben respetar y honrar su terminología original. La Obligación, correctamente entendida, es parte inseparable de ese patrimonio; alterarla equivale a alterar la médula ética del rito.

Conclusión

La distinción entre Juramento y Obligación es la piedra de toque de la instrucción masónica. El Juramento es la solemnidad que marca un momento en el tiempo; la Obligación es el vínculo perpetuo que redefine la existencia del iniciado.

En el Rito York, esta Obligación trasciende lo individual, adquiriendo un carácter fundacional y patriótico: así como los Padres de la Nación se obligaron a dar su vida por la libertad, el iniciado se obliga a vivir según los principios más altos de la Orden. Esta fusión de honor cívico y deber espiritual es lo que hace único al Rito York.

Por ello, traducir mal, alterar o confundir estos términos es traicionar la esencia misma del rito y debilitar el motor moral del masón. La Obligación es el código fuente del honor masónico, la brújula interna que guía al iniciado incluso en la oscuridad, sin necesidad de testigos externos. Es la promesa hecha por el yo superior al yo inferior, con el Gran Arquitecto como garante.

El Masón Yorkino debe ser un filósofo del deber, entendiendo que su vida entera es la manifestación continua de aquella Obligación solemne asumida en el Altar. Su lealtad a la palabra es su lealtad a sí mismo. El Juramento fue solo la ceremonia; la Obligación es la vida en sí misma. Y si el Rito York nació en América, su idioma, su sentido y su Obligación deben preservarse con absoluta e intransigente fidelidad para que el honor de la Fraternidad perdure.

No es el juramento el que hace al masón.

Lo que hace al masón, es la OBLIGACIÓN.

Conrado Milanés

Notas

- Albert G. Mackey, Encyclopedia of Freemasonry (Philadelphia: Moss & Co., 1873), titled "York Rite."

- Thomas Smith Webb, The Freemason's Monitor, or Illustrations of Masonry (Albany: Spencer & Webb, 1797).

- Grand Committee of the Ancients, Ahiman Rezon (London: 1756), 49.

- Ronald E. Heaton, Masonic Membership of the Founding Fathers (Waco, TX: Grand Lodge of Texas Library, 1965), 88.

- Mackey, Encyclopedia of Freemasonry, titled "Rites."

Bibliografía

1. Grand Committee of the Ancients. Ahiman Rezon. London, 1756.

2. Heaton, Ronald E. Masonic Membership of the Founding Fathers. Waco, TX: Grand Lodge of Texas Library, 1965.

3. Mackey, Albert G. An Encyclopedia of Freemasonry. Philadelphia: Moss & Co., 1873.

4. Webb, Thomas Smith. The Freemason's Monitor, or Illustrations of Masonry. Albany: Spencer & Webb, 1797.

CAPÍTULO XI

La Obligación:

El Muro de Custodia de la Pureza del Rito York

Entre el vasto y profundo vocabulario masónico, pocos términos han sido tan decisivos —y a la vez tan peligrosamente confundidos— como obligación y juramento. Este capítulo se adentra en su sustrato etimológico y su aplicación práctica, distinguiendo con precisión de cirujano su alcance en la tradición anglosajona, pilar del Rito York. Allí, Obligation designa el vínculo interior, moral y perpetuo que el iniciado contrae libremente en su conciencia; mientras que Oath remite a la forma externa, pública y solemne que reviste ese compromiso. La diferencia no es meramente filológica; es pedagógica, espiritual e iniciática, pues define niveles distintos de deber, responsabilidad y la verdadera naturaleza de la membresía.

Las malas traducciones, o la equiparación indiscriminada de ambos términos, han producido efectos corrosivos: confusión doctrinal, debilitamiento de la enseñanza simbólica y, lo más grave, el desdibujamiento de la verdadera naturaleza del compromiso masónico como una entrega interior. Por ello, este capítulo no solo aborda la distinción conceptual, sino también sus consecuencias vitales en la formación del iniciado y en la práctica ritual.

La obligación se sitúa, además, en relación directa con los Landmarks de la Orden, aquellos principios inmutables que definen su identidad. Ejemplos históricos de la vida cívica americana ilustran este vínculo: en la joven república, la palabra empeñada en conciencia no era mera formalidad, sino sostén de la virtud pública y fundamento de la confianza social.

La tesis que guía el capítulo es clara, sonora y perentoria: No es el Juramento lo que hace al Masón; lo que hace al Masón es la

OBLIGACIÓN. Esta afirmación no niega el valor del juramento como forma solemne, sino que sitúa su fuerza en el compromiso interior que lo sustenta: la sujeción voluntaria y sin cadenas del iniciado a una norma moral más alta, que lo trasciende y lo obliga en lo más profundo de su ser, convirtiendo la ética en existencia.

Introducción: La Obligación como Ancla Espiritual

En la Masonería yorkina, pocas palabras tienen tanta fuerza generadora y protectora como Obligación. Desde los primeros tiempos de la Orden en Estados Unidos, la Obligación ha sido entendida no solo como un vínculo sagrado que une al masón con su logia y sus hermanos, sino con el propio Rito que lo acoge y lo eleva. Si en el capítulo anterior vimos la diferencia doctrinal entre obligación y juramento, en este capítulo queremos destacar que la Obligación es mucho más que un simple acto verbal: es la muralla de custodia y el ancla inmaterial que preserva la pureza inalterable del Rito York[1]. Es la garantía de no disolución.

Cada generación de masones ha recibido el Rito como un tesoro incalculable legado por los siglos. La transmisión fiel de ese tesoro no se garantiza únicamente por el ritual escrito, sino por la fidelidad consciente de los iniciados a su Obligación. Esta es la llave maestra que asegura que el Rito no se deforme, no se traduzca mal, no se altere por capricho ni se mezcle con elementos ajenos y profanos. La Obligación es la línea de sangre del Rito.

1. La Obligación como Muro de Defensa: La Arquitectura del Honor

La obligación masónica no es un formalismo decorativo, sino un muro invisible pero infranqueable que protege la tradición. Al pronunciarla y asumirla, el iniciado se compromete a salvaguardar la esencia sagrada del rito contra todo intento de tergiversación, corrupción o innovación. Es un pacto de vigilancia perpetua.

En el Rito York, este compromiso tiene un énfasis particular: defender la pureza de las ceremonias y de las palabras sagradas, evitando su deformación. No es casual que se realice en presencia del Gran Arquitecto del Universo y de los Hermanos, pues lo que se protege es un patrimonio colectivo, no la propiedad de uno solo. La Obligación convierte al iniciado en un centinela perpetuo del Arte Real.

2. Su Papel en la Transmisión Fiel del Ritual: El Compromiso Pedagógico

El rito no se improvisa: se hereda y se ejecuta con fidelidad. La obligación es la garantía de continuidad, el lazo inquebrantable que une a los masones de hoy con aquellos que transmitieron las formas originales del Rito York. En ella se expresa la conciencia de que el iniciado no es dueño del rito, sino su depositario, su servidor y su artesano.

Alterar el ritual equivale a modificar el mapa de un viaje iniciático: el cambio de un símbolo o el cambiar una palabra conduce inevitablemente a caminos errados o a destinos truncados. Por eso, la obligación implica un deber pedagógico y moral: enseñar y practicar los grados exactamente como fueron recibidos y autorizados, con respeto a los *Landmarks* y a la tradición viva que es su alma. Como señala la tradición: el ritual debe ser un espejo inmaculado del Rito.

3. Ejemplos Históricos de Protección: La Lucha por la Integridad

La historia del Rito York ofrece ejemplos palpables de cómo la conciencia de la obligación ha servido de defensa activa frente a riesgos de adulteración y fragmentación:

Siglo XIX en Estados Unidos: La creación del *General Grand Chapter of Royal Arch Masons* (1797) fue una respuesta directa a la necesidad de preservar la unidad y fidelidad ritual ante variaciones locales que amenazaban con fragmentar la Rama Capitular. Fue un acto de obligación colectiva[2].

En Inglaterra: La unión de las dos Grandes Logias en 1813 estableció el reconocimiento oficial de la Masonería Simbólica de tres grados, más el Santo Arco Real, reforzando la necesidad de mantener el rito en su integridad esencial[3].

En ambos casos, la conciencia de la obligación fue decisiva: sin ella, las ramas yorkinas se habrían dispersado en múltiples versiones irreconciliables, perdiendo su fuerza y su identidad.

4. El Peligro de Alterar la Obligación: El Silencio de la Conciencia

Modificar o suavizar la obligación no es un simple error administrativo; es un acto de traición iniciática. Al hacerlo, se debilitan los muros de defensa, se desdibuja la transmisión y se abre la puerta a confusiones doctrinales, rituales y, finalmente, al vacío espiritual.

Una mala traducción puede cambiar el sentido simbólico de una palabra sagrada, convirtiendo la luz en sombra.

Una innovación arbitraria puede romper la secuencia pedagógica de los grados, dejando al iniciado a mitad del camino.

Una adaptación profana puede vaciar de contenido espiritual los signos y las promesas, dejando solo cáscaras vacías.

El peligro es que la alteración de la Obligación debilita el poder vinculante del compromiso en la conciencia del masón, facilitando que el deber sea percibido como una mera formalidad en lugar de una ley interior.

5. Su Valor como Garantía de Unidad Yorkina: El Compás de la Fraternidad

Finalmente, la obligación no solo protege la pureza, sino que es el cemento de la unidad. Al compartir el mismo vínculo solemne, los masones yorkinos de todo el mundo pueden reconocerse como hermanos que custodian un patrimonio común e inalterado.

En la práctica, este compromiso evita que cada logia invente su propio camino y garantiza que, en cualquier Oriente, el rito conserve la misma esencia y la misma luz. La obligación es así el compás que armoniza la pluralidad de naciones y culturas, preservando la fraternidad universal dentro del marco sagrado e inmutable del Rito York[4].

Conrado Milanés

Conclusión

La Obligación Masónica en el Rito York es, en su esencia más pura, el Sello de Honor que el iniciado se pone a sí mismo. Es el muro de defensa contra la corrupción, la garantía de transmisión fiel, la memoria histórica viva, una advertencia constante contra la innovación caprichosa y el fundamento sólido de la unidad yorkina global.

Custodiar la pureza de la Obligación no es un detalle secundario; es el centro mismo de la vida masónica, el motor ético que impulsa la práctica del Arte. Sin una Obligación correctamente entendida y solemnemente asumida, el Rito se fragmenta en versiones dispares, su luz se atenúa y su fuerza moral se disuelve. Con ella, en cambio, el Rito York permanece vivo, íntegro y fecundo.

El Masón Yorkino, como heredero de una tradición que valora la palabra de honor por encima de todo documento legal, debe entender que su primer y más sagrado deber es ser un guardián vigilante de su Obligación. Es ella, y no el Juramento público, la que lo ata a la cadena ininterrumpida de la Tradición. Su compromiso de conciencia es la última línea de defensa contra la profanación y la negligencia. Al mantener intacta la Obligación, el mason asegura que el Rito York continuará siendo el faro inmutable de la Masonería en América y el mundo. La Obligación no es lo que se hizo, sino lo que se ES a partir de ese momento. La fuerza de su Rito reside, por siempre, en la fidelidad silenciosa de su corazón.

Bibliografía

1. Parafrasis basada en Lodge Monitor: Adopted by the Grand Lodge of Florida, F.&A.M.

2. Robert Macoy, General History, Encyclopedia, and Dictionary of Freemasonry, Masonic Publishing Company, New York, 1870, pp. 543-545.

3. John Hamill, The Craft: A History of English Freemasonry, Crucible, London, 1986, pp. 145-147.

4. Albert G. Mackey, An Encyclopedia of Freemasonry, The Masonic History Company, New York, 1916, vol. II, p. 987.

CAPÍTULO XII

La Estación del Segundo Vigilante y la Confusión del Mediodía:
La Tiranía de la Precisión

En el vasto y milenario simbolismo del Templo Masónico, cada punto cardinal no es un mero indicativo geográfico, sino un portador de misterios. El Oriente ilumina con la Sabiduría (Wisdom); el Occidente sostiene con la Fuerza (Strength); y el Sur resplandece con la Belleza (Beauty), la virtud arquitectónica que une armoniosamente el pensamiento con la obra. Allí, en ese Sur simbólico donde el Sol alcanza su plenitud y cenit (meridianheight), se alza la estación del Segundo Vigilante (Junior Warden), custodio del equilibrio, guardián de la armonía entre el trabajo y el reposo, y centinela de la rectitud moral.

Sin embargo, la fidelidad al rito —un imperativo del Rito York— exige precisión diamantina. Cuando el Sur —que es una dirección de orientación y plenitud— se confunde con el mediodía —que es una medida de tiempo y no de espacio—, la enseñanza solar se debilita, la arquitectura simbólica se fractura y el orden del Templo se desfigura. Es una catástrofe conceptual disfrazada de error lingüístico.

Este capítulo reflexiona sobre esa confusión, aparentemente menor, pero cargada de consecuencias doctrinales y rituales graves. A través de las fuentes monitoriales originales del Rito York (Preston–Webb), se demuestra que cada palabra tiene un valor sagrado y que una sola traducción imprecisa puede oscurecer la luz y la Belleza que el Segundo Vigilante está llamado a custodiar. En el Sur, el Sol no marca una hora; revela una Plenitud. En la Masonería, esa plenitud es la claridad del espíritu cuando la Belleza y la rectitud se funden en una sola virtud.

1. Introducción: Fusión de Símbolo y Precisión

El presente estudio nace de la imperiosa necesidad de preservar la pureza y la coherencia arquitectónica del ritual masónico. Se integra la función

101

doctrinal y simbólica del Segundo Vigilante en el Rito York o Americano, con el examen de la corrupción ritual derivada de traducciones inexactas, en especial la errónea sustitución del Sur por el mediodía en ciertos textos hispanos.

Este trabajo demuestra el fundamento simbólico del Sur como estación legítima e inamovible del Segundo Vigilante, y la necesidad ineludible de respetar la literalidad ritual establecida por las Grandes Logias competentes y por la tradición Preston−Webb, el *corpus* fundacional del Rito.

2. La Estación del Sur: Belleza y Plenitud

En la Masonería simbólica del Rito York o Americano, el Segundo Vigilante ocupa su estación en el Sur (South), el punto donde el Sol alcanza su máxima elevación en el cielo.

Esta ubicación no es arbitraria, sino profundamente solar y simbólica: el Sur representa la Belleza y la plenitud del día, la manifestación de la luz en su punto medio, el cenit, cuando la creación muestra su armonía y esplendor.

La respuesta ritual tradicional, conforme al orden, señala que su estación se encuentra en el Sur, reafirmando así la estructura solar y geométrica del Templo y la correspondencia de las tres columnas que sostienen el Arte: Sabiduría en el Oriente, Fuerza en el Occidente y Belleza en el Sur [1].

La enseñanza monitorial —según la tradición Preston−Webb— asocia al Segundo Vigilante con el momento en que el Sol está en su meridiano, símbolo de equilibrio, serenidad y plenitud. Desde esa posición privilegiada, su deber es observar el tiempo, velar por el orden y, fundamentalmente, garantizar que la templanza gobierne los momentos de labor y de descanso, evitando los excesos que pudieran destruir la Obra.

"El Segundo Vigilante está colocado en el Sur, representando la Columna de la Belleza; su emblema es la Plomada, que significa rectitud." [2]

El Sur no es una hora, sino una orientación simbólica y metafísica: la dirección desde la cual el Vigilante contempla la luz en su plenitud y procura que la armonía reine incesantemente en la Logia. Su vigilancia es tanto operativa como moral y espiritual, un reflejo de la Belleza que sirve de fiel contrapeso y equilibrio entre la Sabiduría y la Fuerza.

3. La Plomada y la Virtud de la Templanza: La Vertical de la Conciencia

Las llamadas "Joyas Inmóviles" del Rito son tres y no cambian de lugar: la Escuadra en el Oriente, el Nivel en el Occidente y la Plomada (Plumb) en el Sur. Estas Joyas representan principios permanentes del Arte.

La Plomada, símbolo del Segundo Vigilante, encarna la rectitud moral y la templanza, virtudes indispensables para conservar el equilibrio entre el celo de la labor y el merecido descanso [3]. Es la vertical de la conciencia que debe permanecer inalterable.

En los materiales de instrucción se explica que el Segundo Vigilante es el responsable del orden durante los momentos de refrigerio (Refreshment), asegurando que la moderación y el respeto prevalezcan siempre[4]. El Sur, por tanto, no solo es símbolo de belleza, sino también de rectitud y armonía: la proporción justa que convierte el trabajo de la Logia en Arte Mayor.

4. El Error de Traducción: La Confusión Temporal

En algunas ediciones o versiones hispanas del ritual se ha difundido el error de afirmar que la estación del Segundo Vigilante se encuentra "en el mediodía". Esta frase, aunque poéticamente atractiva, no existe en los textos rituales ingleses autorizados y constituye una desviación grave del original Preston–Webb.

La fórmula original, cargada de simbolismo, es:

'La Sabiduría por el Venerable Maestro en el Oriente; la Fuerza por el Primer Vigilante en el Occidente; y la Belleza por el Segundo Vigilante en el Sur, para que pueda observar mejor el sol en su altura meridiana.'[5]

La cláusula "in the South" (en el Sur) define la **estación** (el lugar); la expresión "at meridian height" (en su altura meridiana) describe la **condición del sol** (el estado).

En el contexto masónico, "altura meridiana" no se refiere a una hora (como las 12:00 exactas), sino al estado del Sol en su **máximo esplendor, plenitud o cenit**, que es el símbolo de la Belleza, el Equilibrio y la Luz completa. Confundir ambas genera un desplazamiento conceptual: el Vigilante no está obligado a una hora específica, sino a una dirección desde la cual contempla la plenitud inmutable de la luz.

5. Consecuencias Simbólicas y Doctrinales: La Fractura del Templo

El reemplazo del Sur (dirección) por el mediodía (tiempo) altera gravemente el orden simbólico y doctrinal del Templo, causando una irregularidad ritual:

- **Ruptura del Orden Arquitectónico:** El esquema Este–Oeste–Sur (E-W-S) es la estructura geométrica y trinitaria fundamental del Templo masónico; eliminar el Sur destruye su coherencia geométrica y simbólica.

- **Desfiguración de la Enseñanza Solar:** El trascendente tránsito de la luz —nacimiento, plenitud y ocaso— se interrumpe al sustituir una dirección espacial por una medida temporal.

- **Degradación Pedagógica:** El Aprendiz pierde la comprensión profunda del recorrido solar que inspira el progreso iniciático y la estructura del Cosmos.

- **Contaminación Ritual:** Cada palabra del rito es una clave simbólica; una traducción errónea altera el código iniciático.

La Gran Logia de Florida, por ejemplo, establece una norma clara sobre la inviolabilidad del texto:

Conrado Milanés

> *"All Work must conform exactly to the authorized Ritual and Monitorial Texts of Florida; any alteration in wording or translation constitutes a ritual irregularity..."*[6]

"Todo trabajo debe ajustarse exactamente al Ritual y a los Textos Monitoriales autorizados de Florida; cualquier alteración en la redacción o en la traducción constituye una irregularidad ritual..."
(Tradución del autor)

Traducir in the South como "en el mediodía" constituye, por tanto, una irregularidad ritual que debe corregirse conforme a la autoridad monitorial legítima.

6. Síntesis Simbólica: El Triunfo de la Belleza

El Segundo Vigilante representa la Belleza, entendida no como adorno superfluo, sino como el perfecto equilibrio y la armonía entre la Sabiduría y la Fuerza.

Su instrumento, la Plomada, mide la vertical de la conciencia: la rectitud del espíritu que se mantiene firme e incorruptible aun cuando el mundo se incline hacia el error.

El Sur simboliza la plenitud de la luz y el dominio de la templanza; allí donde el día alcanza su mayor claridad, el Vigilante contempla la Obra en armonía y serenidad, asegurando que el trabajo de la Logia sea la manifestación de la Belleza.

Conclusión

El Segundo Vigilante está, incuestionablemente, **en el Sur** (South) porque desde esa orientación cardinal puede observar el Sol en su meridiano (meridian height): el Símbolo de la plenitud de luz, el equilibrio y la Belleza. La sustitución del Sur por el mediodía no es un detalle menor; es una alteración estructural que afecta la arquitectura simbólica del Templo y debilita la enseñanza iniciática al confundir el espacio sagrado con una simple hora.

Preservar la pureza del lenguaje ritual es un deber masónico esencial. En Masonería, **cada palabra es una herramienta perfecta**: una mala traducción es como una herramienta mellada, que, en lugar de labrar y pulir la Piedra Bruta, la hiere y la desfigura.

Por ello, la inviolabilidad del rito exige una triple vigilancia por parte de las Grandes Logias y los custodios del Rito York:

- **Fidelidad Textual Absoluta:** Adherencia estricta a los textos monitoriales y rituales oficiales anglosajones.

- **Control Doctrinal Riguroso:** Supervisión de las traducciones por autoridades competentes para evitar la contaminación semántica.

- **Formación Lingüística y Simbólica:** Capacitación profunda de quienes enseñan el ritual para que comprendan la diferencia entre orientación y tiempo.

El Segundo Vigilante, guardián del Sur y de la Belleza, simboliza también la vigilancia sobre la pureza del verbo masónico. Si el Sur es la plenitud de la luz, su deber eterno es impedir que la sombra de la imprecisión o la negligencia oscurezcan el Templo. La precisión ritual es la suprema manifestación de la Belleza.

Bibliografía

1. Parafrasis basada en Lodge Monitor: Adopted by the Grand Lodge of Florida, F.&A.M.

2. Albert G. Mackey, Encyclopedia of Freemasonry and Its Kindred Sciences, vol. 1 (New York: Masonic History Company, 1914), 153.

3. Parafrasis basada en Lodge Monitor: Adopted by the Grand Lodge of Florida, F.&A.M.

4. Parafrasis basada en Grand Lodge of Florida, Modules of Masonic Instruction (Jacksonville, FL: Education Committee, 2010), 18.

5. Malcolm C. Duncan, Duncan's Masonic Ritual and Monitor, 3rd ed. (New York: Dick & Fitzgerald, 1866), 55.

6. Paráfrasis basada en Grand Lodge of Florida, Digest of Masonic Law of the Grand Lodge of Florida, Chapter 38: Ritual and Ceremonies (Jacksonville: Grand Lodge of Free and Accepted Masons of Florida, 2023).

CAPÍTULO XIII

El Lenguaje del Ritual y el Peligro de las Traducciones:

La Inviolabilidad del Verbo

Toda tradición viva se sostiene en la fidelidad innegociable de su lenguaje. En Masonería, el vocabulario ritual no es un simple adorno literario, sino el guardián férreo de la esencia iniciática. Cambiar una palabra, suavizar un término o confundir significados puede abrir la puerta a una alteración profunda y silenciosa de la enseñanza. El Rito es la música; el lenguaje es la partitura.

Este capítulo examina el lenguaje técnico del Rito York —términos cardinales como Obligation(Obligación), Oath (Juramento), Tiler/Tyler (Guarda del Templo) y *Common Gavel* (Mazo Común), entre otros— y muestra cómo una traslación descuidada puede desfigurar conceptos, alterar jerarquías de sentido y generar prácticas impropias. Se presenta como caso paradigmático la diferencia entre Obligación y Juramento: su confusión erosiona la pedagogía del deber y vacía de contenido la fuerza moral de la palabra empeñada.

Se analizan también los desafíos de traducir el Volumen de la Ley Sagrada (VLS) y la tríada de las Tres Grandes Luces, cuidando que la traslación no reduzca su densidad doctrinal ni empobrezca el lenguaje iniciático. A partir de ejemplos históricos de malas traducciones, se proponen criterios claros y exigentes: competencia lingüística y ritual colegiada, revisión constante de fuentes y preferencia por términos que preserven el campo semántico original.

La conclusión es sencilla y exigente: Custodiar la lengua es custodiar el Rito. No se trata de un purismo formalista o estético, sino de fidelidad a la potencia formativa del lenguaje ritual, que ha forjado generaciones de masones y que constituye un verdadero patrimonio espiritual y cultural inigualable.

Introducción: El Lenguaje como Vehículo Sagrado

En la Masonería —y muy especialmente en el Rito York— el lenguaje ritual no es un accesorio literario, sino el vehículo mismo de la transmisión iniciática. Cambiar una palabra, desplazar un término técnico o "adaptar" un concepto sin comprender su alcance puede alterar irreversiblemente el sentido del símbolo y, con el tiempo, deformar el Rito en su totalidad.

Traducir correctamente significa preservar la esencia; traducir mal es abrir la puerta a la confusión y la pérdida. Por ello, la fidelidad al lenguaje ritual constituye un deber del masón yorkino, comparable en seriedad a la fidelidad al propio ritual.

1. El Lenguaje Ritual como Patrimonio Inviolable

Desde los primeros tiempos, la Masonería fijó sus normas en textos fundacionales como las Constitutions de Anderson (1723), acompañadas de las Antient Charges o Antiguas Obligaciones. El hecho de que Benjamin Franklin imprimiera en Filadelfia la primera edición americana de esas Constituciones en 1734, asegurando que el mismo lenguaje llegara intacto al Nuevo Mundo[1], es prueba de que el lenguaje ritual nunca fue casual: desde el inicio fue considerado un patrimonio a custodiar. Modificar palabras equivalía a modificar la norma fundacional misma.

2. Términos Clave y el Riesgo de la Traducción Descuidadosa

La traducción incorrecta de términos anglosajones clave ha sido una fuente perenne de debilidad doctrinal en jurisdicciones no nativas:

Obligación (Obligation) vs. Juramento *(Oath)*: Como se vio, Obligación es el vínculo interior y moral que el iniciado asume; *Juramento* es la forma externa y solemne. Traducir *Obligation* como "juramento" es reducir el sentido profundo del compromiso a una mera formalidad legal o declarativa. Albert G. Mackey advirtió claramente que no son equivalentes[2].

Volumen de la Ley Sagrada(VSL): El término no debe traducirse de manera ambigua. La Gran Logia Unida de Inglaterra establece la presencia del VSL abierto, y que el candidato tome su obligación sobre el libro considerado sagrado en su propia fe[3]. El término **"Volumen de la Ley Sagrada"** preserva la universalidad de la creencia, evitando **reducirlo a un solo texto religioso.**

Tiler/Tyler (Guarda del Templo): No es un simple "portero" genérico. Mackey precisa que el Tiler es un Maestro Masón armado con la espada encargado de custodiar la entrada, ocupando un lugar esencial en el Cuadro Logial[4]. El término debe evocar su función de centinela, no de simple empleado.

Common Gavel (Mazo Común): El Gavel no es cualquier martillo; es la herramienta simbólica con la que el Aprendiz desbasta la piedra bruta. Confundirlo con un mallete de presidencia (Master's Mallet) desvirtúa el símbolo, pues la función del Gavel es la de eliminar las imperfecciones del carácter[5].

Light (Luz): La Luz no es iluminación física; es el símbolo del conocimiento y la verdad iniciática. "Recibir la Luz" equivale a la trascendente transición de la ignorancia a la comprensión[6].

3. Por Qué las Malas Traducciones Dañan la Identidad del Rito

Cada palabra ritual está cargada con el peso de siglos de tradición. Traducir sin rigor puede producir efectos de erosión en cadena:

- **Errores Doctrinales:** Confundir Obligation con juramento.

- **Desviaciones Simbólicas:** Llamar "martillo" a lo que es el Gavel.

- **Pérdida de Sentido Iniciático:** Reducir la "Luz" a un simple efecto físico o una hora.

El Rito York nació en Estados Unidos con un lenguaje preciso y enraizó en la tradición bíblica, republicana y masónica de este país. Su identidad reside en esa raíz. Alterar ese lenguaje en su expansión, o permitir que versiones adulteradas regresen a su cuna, equivale a debilitar esa identidad. La custodia del lenguaje ritual implica custodiar la fidelidad a su origen.

El deber primordial es custodiar la autenticidad del Rito York en América, garantizando que permanezca fiel a sus raíces. Esto no implica criticar a otras tradiciones masónicas, sino reafirmar la responsabilidad de cuidar lo propio: un patrimonio que costó mucho consolidar y que constituye una herencia espiritual y cultural para las futuras generaciones. Por la misma razón, tampoco corresponde introducir en el Rito York prácticas o expresiones tomadas de otros ritos. La custodia no solo exige fidelidad frente a influencias externas, sino también claridad para no confundir lo propio con lo ajeno.

4. La Custodia Colegiada de las Traducciones: Un Acto de Rectitud

En Masonería, el lenguaje ritual es forma y fondo. Traducir sin método ni revisión equivale a mover "piedras de referencia" que sostienen la doctrina. Una sola palabra mal trasladada puede desfigurar la liturgia, empobrecer la pedagogía y quebrar la unidad. Las malas traducciones se reconocen cuando reducen el sentido original (charity → solo "beneficencia"), cuando falsean matices técnicos (obligation → "juramento"), o cuando alteran la praxis confundiendo funciones.

Por ello, la traducción no debe ser libre, sino un texto regulado que debe someterse a revisión colegiada y autorización. El caso de Florida es un ejemplo: su *Digest*, en el Capítulo 38, ordena que la traducción española de las Formas y Ceremonias sea custodiada bajo los mismos controles que el original.

Para realizar cualquier traducción, se requiere una comisión de varios hermanos capacitados, con competencia ritual y lingüística. Así como la tradición enseña que tres hacen una Logia justa, cinco la hacen regular y siete la hacen perfecta, solo en la pluralidad de voces y manos se alcanza la verdadera justicia y fidelidad del texto. Traducir en conjunto no es una opción; es la garantía de que el lenguaje conserve su integridad. Una vez elaborada, la traducción debe ser presentada primero en las Logias para su conocimiento y deliberación, y solo después, elevada a la Gran Comunicación anual para su aprobación formal. Esto asegura que las traducciones no sean obra aislada de unos pocos, sino fruto de un consenso informado de toda la jurisdicción.

5. Custodia del lenguaje ritual

Por estas razones, las constituciones y reglamentos de los Grandes Capítulos subordinados al **General Grand Chapter** ordenan expresamente usar el ritual promulgado por la autoridad capitular y no alterarlo[7].

La **fidelidad lingüística** forma parte de esa obligación. Las **comisiones de traducción** deben asegurar que el texto conserve el sentido original. La improvisación o la adaptación cultural sin fundamento son contrarias al espíritu del Rito York.

Conclusión

El lenguaje ritual no es un accesorio; es la Esencia codificada del Rito York. Preservar las palabras es preservar los símbolos; custodiar las traducciones es custodiar el Rito mismo.

En jurisdicciones donde el inglés es el idioma oficial —como en Estados Unidos—, el permiso de trabajar en español o italiano es un privilegio excepcional que impone un compromiso doble: primero, conservar intacto el ritual mediante traducciones fieles y exactas, y segundo, agradecer la concesión mostrando la máxima responsabilidad.

Así como Thomas Smith Webb y otros dieron forma a un sistema uniforme, el lenguaje ritual —preciso, fiel, exacto— es la garantía de continuidad. Traducir bien es honrar al Rito York y a los Padres Fundadores; traducir mal es poner en riesgo un patrimonio masónico que pertenece a toda América. El Rito no puede sobrevivir si el lenguaje que lo vehicula se corrompe. La traducción no es un adorno, es un puente que debe unir al hermano con la fuente legítima del Rito, sin desviarlo de su esencia. Solo una traducción perfecta en su fidelidad puede garantizar que la Masonería conserve su integridad y su pureza más allá de las barreras del idioma.

Notas

- Anderson, James. The Constitutions of the Freemasons. London: 1723.

- Franklin, Benjamin (ed.). The Constitutions of the Freemasons. Philadelphia: Franklin, 1734.

- Mackey, Albert G. Encyclopedia of Freemasonry. 2 vols. Philadelphia: Moss & Co., 1873.

- Mackey, Albert G. The Symbolism of Freemasonry. New York: Clark & Maynard, 1869.

- United Grand Lodge of England. Book of Constitutions. London: UGLE, ed. 2025.6. Grand General Chapter of Royal Arch Masons. Constitution (Baltimore, 1871) and Book of Instruction (ed.

Bibliografía

1. Anderson, James. The Constitutions of Freemasons. London: 1723; Franklin, Benjamin (ed.). The Constitutions of Freemasons. Philadelphia: 1734.

2. Mackey, Albert G. Encyclopedia of Freemasonry. Philadelphia: Moss & Co., 1873, title "Obligation".

3. United Grand Lodge of England. Book of Constitutions. London: UGLE, ed. current 2025.

4. Mackey, Albert G. Encyclopedia of Freemasonry, title "Tiler/Tyler".

5. Mackey, Albert G. Encyclopedia of Freemasonry, title "Gavel".

6. Mackey, Albert G. The Symbolism of Freemasonry. New York: Clark & Maynard, 1869, chapter "The Rite of Trust and the Symbolism of Light".

7. Grand General Chapter of Royal Arch Masons. Constitution (Baltimore: 1871) and Book of Instruction (official ed.).

CAPÍTULO XIV

Conclusión General

La conclusión de esta obra no busca cerrar un discurso, sino abrir un horizonte de responsabilidad indeleble. A lo largo de estas páginas, hemos seguido el camino del Rito York, desde sus raíces históricas hasta sus desafíos actuales, descubriendo que en América encontró un suelo fértil para unir Masonería y patria en un mismo espíritu: el de la libertad, la fraternidad y la virtud cívica. El Rito York es un sistema masónico nacido para la República.

La Pureza Ritual: Clave de la Formación

La pureza del ritual se muestra aquí como una clave pedagógica, y no como simple nostalgia de un pasado, sino como garantía de futuro: es la certeza de que el símbolo conserve su fuerza formativa, de que la logia siga siendo una escuela de virtudes y de que la fraternidad pueda traducirse en obras concretas de beneficio a la humanidad. En este sentido, la Santa Biblia y las Tres Grandes Luces no son ornamentos; son fundamentos inamovibles. Custodiarlas significa custodiar el corazón mismo del Rito York.

Del mismo modo, el lenguaje ritual aparece como un patrimonio a custodiar con el mismo celo que el propio ritual. Una palabra cambiada, una traducción descuidada o una innovación arbitraria pueden alterar el equilibrio doctrinal y debilitar la continuidad de la tradición. Por ello, custodiar el Rito es custodiar también su lengua, con la certeza de que lo que se transmite debe permanecer fiel a sus raíces anglosajonas y americanas.

1. El Rito York: Un Sistema Nacido en América

El Rito York, también llamado Americano, no es un injerto ni una copia de modelos europeos; es el único sistema masónico plenamente consolidado en suelo americano. Su desarrollo coincidió con los primeros pasos de la República y la Independencia de los Estados Unidos. Refleja en su estructura y en su espíritu los ideales de libertad, justicia y fraternidad que marcaron el nacimiento de esta nación. Desde la primera edición americana de las Contituciones de Anderson, impresa por Benjamin Franklin en Filadelfia en 1734[1], el lenguaje masónico formó parte del tejido político y cultural que daría origen a la nueva república.

2. Masonería y Patria: La Confluencia del Ideal

La Masonería estuvo íntimamente ligada a la fundación de la nación. Desde los Artículos de Asociación hasta la Constitución, los masones participaron activamente en la formación de los Estados Unidos: al menos 9 fueron firmantes de la Declaración de Independencia y 13 participaron en la elaboración de la Constitución[2]. Esta presencia masónica no fue casual; fue un reflejo de la virtud cívica que el Rito York inculcaba. El espíritu masónico estaba presente tanto en las logias como en los campos de batalla.

3. La Inviolabilidad del Ritual: El Tejido Inseparable

El Rito York no es solo un sistema de grados; es un patrimonio ritual cuyas palabras, gestos y símbolos forman un tejido inseparable. La advertencia de Thomas Smith Webb es atemporal:

> "Cada palabra del Ritual tiene un peso; cada símbolo tiene una lección. Ninguno puede ser cambiado sin destruir la armonía del todo."[3]

Alterar el ritual —ya sea por traducciones defectuosas, innovaciones locales o mezclas con otros ritos— equivale a traicionar su esencia. La experiencia histórica del General Grand Chapter (1799) demostró que la unidad ritual fue la clave para preservar la identidad del Rito York en suelo americano[4].

4. Símbolo y Obligación: La Sustancia del Masón

El Rito York dio a la Biblia (VSL) un lugar central en el altar. La unión de la Biblia con la Escuadra y el Compás constituye la garantía de que la Masonería americana nació vinculada a una tradición espiritual sólida.

En este contexto, la Obligación se revela como la sustancia del compromiso. Albert Mackey lo expresó con autoridad:

"El juramento es la forma, pero la obligación es la sustancia. Sin la obligación, el juramento es un sonido vacío." [5]

Lo que define al iniciado no es el juramento formal, sino la Obligación que lo ata a la conciencia y al Gran Arquitecto del Universo. Así como los fundadores de la república se obligaron mutuamente a sostener sus vidas, fortunas y honor en 1776, el masón yorkino se obliga a vivir con fidelidad a los principios de su Orden.

5. Un Patrimonio Inmutable: Deber Histórico y Misión

El Rito York se expandió con el tiempo fuera de los Estados Unidos. Sin embargo, esta expansión no autoriza a deformarlo, sino que exige un celo aún mayor por custodiar su pureza. No son los Estados Unidos los que deben adaptar su rito a costumbres externas; son los demás países los que deben recibirlo tal como nació. Alterarlo significaría perder la herencia misma que lo hace único.

La Misión del Masón Yorkino es, por lo tanto, doble y sagrada:

— **Misión Iniciática:** Trabajar sobre sí mismo, como hombre bueno que busca ser mejor, guiado por la Obligación y por los símbolos del Arte Real.

— **Misión Histórica y Patriótica:** Custodiar el Rito York como patrimonio de la nación que lo engendró, transmitiéndolo intacto a las generaciones venideras.

Notas

- Franklin, Benjamin (ed.). The Constitutions of the Freemasons. Philadelphia: Franklin, 1734.

- Heaton, Ronald E. Masonic Membership of the Founding Fathers. Waco, TX: Grand Lodge of Texas Library, 1965.

- Webb, Thomas Smith. The Freemason's Monitor, or Illustrations of Masonry. Albany: Spencer & Webb, 1797, p. 44.

- Hackett, Raymond. The General Grand Chapter of International Royal Arch Masonry: A Historical Sketch. Lexington, KY: GGC, 1950, pp. 13-16.

- Mackey, Albert G. An Encyclopedia of Freemasonry. Philadelphia: Moss & Co., 1873, title "Obligation."

Bibliografía

1. Franklin, Benjamin (ed.). The Constitutions of the Freemasons. Philadelphia: Franklin, 1734.

2. Heaton, Ronald E. Masonic Membership of the Founding Fathers. Waco, TX: Grand Lodge of Texas Library, 1965.

3. Webb, Thomas Smith. The Freemason's Monitor, or, Illustrations of Masonry. Albany: Spencer & Webb, 1797.

4. Hackett, Raymond. The General Grand Chapter of International Royal Arch Masonry: A Historical Sketch. Lexington, KY: GGC, 1950.

5. Mackey, Albert G. An Encyclopedia of Freemasonry. Philadelphia: Moss & Co., 1873.

CONCLUSIÓN GENERAL Y HORIZONTE DE RESPONSABILIDAD

Con esta convicción, el capítulo final reafirma la tesis que anima toda la obra: El Rito York, nacido en América y consolidado en suelo de libertad, es un tesoro que debemos custodiar y transmitir sin alteraciones, como herencia viva para las generaciones que vendrán.

La responsabilidad del masón yorkino no es la de levantar barreras, sino la de hacer de hombres buenos, hombres mejores, transformando la virtud en acción cívica. Su fidelidad ritual no es un capricho, sino el cauce que asegura la transmisión íntegra del patrimonio recibido.

La pureza del Rito es la pureza de la intención. Al ser fiel a la palabra, exacto en el trabajo, sereno en el juicio y generoso en el servicio, el masón yorkino cumple con la Obligación que lo une al Gran Arquitecto y a su patria, garantizando que el fuego iniciático que se encendió en el altar americano nunca se extinga. La custodia del Rito es el más alto acto de servicio a la Fraternidad y a la Nación.

EPÍLOGO SOLEMNE

El Masón Yorkino debe recordar siempre:

– Que la Masonería en América no nació en secreto, sino a la luz de la historia.

– Que el Rito York no es un rito más, sino un Tesoro Americano.

– Que no es el juramento lo que lo convierte en Masón, sino la Obligación que asume.

Por eso, frente a toda tentación de alterar, traducir mal o mezclar con costumbres ajenas, el Masón fiel debe reafirmarse en su deber de custodio: conservar intacta la pureza del Rito, para que su luz siga iluminando las Logias de América con la misma claridad con que un día fue encendida.

EL RITO YORK ES UN PATRIMONIO NACIDO EN AMÉRICA.

NO ES EL JURAMENTO EL QUE HACE AL MASÓN.

LO QUE HACE AL MASÓN ES LA OBLIGACIÓN.

EPÍLOGO FINAL

Este libro ha querido recorrer la historia, el simbolismo y el espíritu del Rito York, mostrando que no es solo un sistema masónico más, sino un patrimonio nacido en América.

Desde las primeras logias coloniales hasta los documentos fundacionales de la República, desde los campos de batalla de la independencia hasta los altares de nuestras logias, la huella de la Masonería yorkina ha acompañado la construcción de esta nación.

Pero más allá de la historia, el mensaje de estas páginas es un recordatorio esencial:

– **El Rito** es la arquitectura espiritual que organiza los grados, los símbolos y las enseñanzas.

– **El Ritual** es la liturgia viva que permite que esa arquitectura sea experimentada.

– **La Obligación**, más allá del juramento, es el vínculo perpetuo que ata al Masón con su deber, con sus Hermanos y con el Gran Arquitecto del Universo.

– El Masón Yorkino de hoy no es dueño del Rito ni de su Ritual: es un **custodio temporal** de una herencia eterna.

Así como lo recibimos de nuestros antecesores, estamos obligados a transmitirlo intacto a quienes nos sigan. Esa es la verdadera cadena ininterrumpida que da sentido a nuestra Orden.

Palabras Finales

Este libro llega a su conclusión, pero la tarea que nos propone permanece abierta.

El Rito York, nacido en suelo americano, no es un adorno del pasado ni una reliquia muerta: es una herencia viva que compromete a cada Hermano que la recibe.

No somos autores del Rito, ni dueños de su Ritual. Somos custodios temporales de una tradición eterna, responsables de transmitirla sin deformaciones y con fidelidad absoluta.

La historia ha mostrado que los masones de América no solo fueron constructores de templos, sino también de naciones; y que la Masonería yorkina estuvo entretejida con el nacimiento de la libertad en este continente. Esa memoria nos obliga hoy a vivir con igual entrega.

Que estas páginas sean, para cada Hermano, un llamado a la fidelidad, la gratitud y la responsabilidad:

– Fidelidad al Rito que nació en esta tierra.

– Gratitud hacia los fundadores que lo establecieron.

– Responsabilidad de conservarlo y transmitirlo sin deformaciones.

Porque la Masonería yorkina no pertenece a un solo hombre ni a una sola época: pertenece al espíritu de Verdad y Libertad que la vio nacer.

Recordemos siempre:

– El Rito es la arquitectura espiritual que nos eleva.

– El Ritual es la liturgia viva que nos transforma.

– La Obligación es el vínculo perpetuo que nos ata al deber, más allá de toda formalidad.

– El Rito York es parte del alma de América.

– Y el deber del Masón yorkino es custodiarlo con fidelidad absoluta, como un legado que no se inventa ni se altera, sino que se vive, se guarda y se transmite.

Pero toda fidelidad exige comprensión. Y comprender implica estudiar, profundizar y mantener viva la búsqueda.

El iniciado sabe que no existe una verdad absoluta, sino la aspiración constante hacia ella; que cada grado es una luz parcial, un peldaño hacia una claridad mayor.

Por eso, la Masonería no impone dogmas: propone caminos. Nos enseña a pensar con rigor, a sentir con nobleza y a obrar con rectitud.

Solo el estudio constante, la reflexión sincera y el trabajo interior permiten honrar el Rito que decimos custodiar.

Así lo creo, así lo sostengo, y así lo afirmo, con la certeza del que ha visto la Luz y comprende su deber, a la Gloria del Gran Arquitecto del Universo.

Bibliografía General Obras Citadas

1. Anderson, James. The Constitutions of the Free-Masons. London: 1723.

2. Anderson, James. The Constitutions of the Free-Masons. Philadelphia: Benjamin Franklin, 1734.

3. Ferrer Benimeli, José Antonio. La masonería en la España del siglo XIX. Madrid: Siglo XXI, 1976.

4. Heaton, Ronald E. Masonic Membership of the Founding Fathers. Waco, TX: Grand Lodge of Texas Library, 1965.

5. Justiniano. Digesta (Digesto de Justiniano). Ed. Theodor Mommsen y Paul Krueger. Berlin: Weidmann, 1877.

6. Mackey, Albert G. An Encyclopedia of Freemasonry and Its Kindred Sciences. Philadelphia: Moss & Co., 1873.

7. National Archives (USA). The Declaration of Independence. Washington D.C., 1776.

8. Oxford University. Oxford Latin Dictionary. Oxford: Clarendon Press, 1982.

9. Webb, Thomas Smith. The Freemason's Monitor, or Illustrations of Masonry. Albany: Spencer & Webb, 1797.

10. Hackett, Raymond. The General Grand Chapter of Royal Arch Masons International: A Historical Sketch. Lexington, KY: General Grand Chapter, 1950.

11. United Grand Lodge of England. Book of Constitutions. London: UGLE, 2025.

12. Mackey, Albert G. The Symbolism of Freemasonry. New York: Clark & Maynard, 1869.

Obras Consultadas

1. Coil, Henry Wilson. Coil's Masonic Encyclopedia. Richmond, VA: Macoy Publishing, 1961.

2. Denslow, William R. 10,000 Famous Freemasons. 4 vols. Columbia, MO: Missouri Lodge of Research, 1957.

3. Grand Committee of the "Antients". Ahiman Rezon. London: 1756.

4. Jacob, Margaret C. Living the Enlightenment: Freemasonry and Politics in Eighteenth-Century Europe. Oxford: Oxford University Press, 1991.

5. Jacob, Margaret C. The Radical Enlightenment: Pantheists, Freemasons and Republicans. London: George Allen & Unwin, 1981.

6. Lemay, J.A. Leo. The Life of Benjamin Franklin, Vol. 3. Philadelphia: University of Pennsylvania Press, 2006.

7. Patterson, Richard S., y Richardson Dougall. The Eagle and the Shield: A History of the Great Seal of the United States. Washington, D.C.: Department of State, 1976.

8. Pike, Albert. Morals and Dogma of the Ancient and Accepted Scottish Rite of Freemasonry. Charleston: Supreme Council, 1871.

9. Proceedings of the Grand Lodge of Massachusetts. Boston: Alfred Mudge & Son, 1871.

10. Roberts, Allen E. George Washington: Master Mason. Richmond, VA: Macoy Publishing, 1976.

11. Roberts, Allen E. The Craft and Its Symbols: Opening the Door to Masonic Symbolism. Richmond, VA: Macoy Publishing, 1974.

12. Sparks, Jared (ed.). The Writings of George Washington, Vol. 12. Boston: American Stationers' Co., 1837.

13. Carr, Harry. The Early History of the Royal Arch. London: Quatuor Coronati Lodge, 1958.

14. Dyer, Colin. The Grand Stewards and Their Lodge. London: Lewis Masonic, 1985.

Apéndice I – Fuentes Primarias y Secundarias

Fuentes Primarias

Anderson, James. The Constitutions of the Free-Masons. Londres, 1723.

(Primera edición de las Constituciones de Anderson, base de la Masonería especulativa moderna.)

Anderson, James. The Constitutions of the Free-Masons. Filadelfia: Benjamin Franklin, 1734. (Primera edición americana, impresa por Franklin.)

Franklin, Benjamin (ed.). The Constitutions of the Free-Masons. Filadelfia, 1734. (Edición americana de 1734, con Franklin como editor e impresor.)

Grand Committee of the 'Antients' (Gran Comité de los "Antiguos"). Ahiman Rezon. Londres, 1756. (Constituciones de la Gran Logia de los Antients, rivales de los "Moderns" hasta la unión de 1813. Destacan la importancia del Arco Real.)

Hackett, Raymond. The General Grand Chapter of Royal Arch Masons International: A Historical Sketch. Lexington, KY: General Grand Chapter, 1950.

Justiniano (Emperador romano). Digesta (Digesto de Justiniano). Ed. Theodor Mommsen y Paul Krueger. Berlín: Weidmann, 1877.

Mackey, Albert G. An Encyclopedia of Freemasonry and Its Kindred Sciences. Filadelfia: Moss & Co., 1873.

Mackey, Albert G. The Symbolism of Freemasonry. Nueva York: Clark & Maynard, 1869.

National Archives (USA). The Declaration of Independence. Washington, D.C., 1776.

Proceedings of the Grand Lodge of Massachusetts. Boston: Alfred Mudge & Son, 1871.

United Grand Lodge of England (UGLE). Book of Constitutions. Londres: UGLE, [última edición consultada].

(Conviene especificar el año exacto de la edición utilizada, por ejemplo 2017 o 2021.)

Webb, Thomas Smith. The Freemason's Monitor, or Illustrations of Masonry. Albany: Spencer & Webb, 1797.

Fuentes secundarias

Carr, Harry. The Early History of the Royal Arch. Londres: Quatuor Coronati Lodge, 1958.

Coil, Henry Wilson. Coil's Masonic Encyclopedia. Richmond, VA: Macoy Publishing, 1961.

Denslow, William R. 10,000 Famous Freemasons. 4 vols. Columbia, MO: Missouri Lodge of Research, 1957.

Dyer, Colin. The Grand Stewards and Their Lodge. Londres: Lewis Masonic, 1985.

Ferrer Benimeli, José Antonio. La masonería en la España del siglo XIX. Madrid: Siglo XXI, 1976

Apéndice II – Índice analítico de autores

Denslow, William R. Cap. II (Masones en la Guerra de Independencia), Cap. III (Nacimiento de la Nación).

Dyer, Colin. Cap. VI (El Real Arco), Cap. XII (Lenguaje del Ritual).

Ferrer Benimeli, José Antonio. Cap. I (Orígenes de la Masonería en América).

Franklin, Benjamin. Cap. I (Orígenes de la Masonería en América), Conclusión General.

Grand Committee of the 'Antients' (Gran Comité de los "Antiguos"). Cap. VI (El Real Arco).

Hackett, Raymond. Cap. VI (El Real Arco), Cap. VIII (Obligación como custodia), Conclusión General.

Heaton, Ronald E. Cap. II (Masones en la Guerra de Independencia), Conclusión General.

Jacob, Margaret C. Cap. I (Orígenes de la Masonería en América).

Justiniano (Emperador romano). Cap. VII (La Obligación y el Juramento).

Lemay, J.A. Leo. Cap. I (Orígenes de la Masonería en América), Cap. III (Nacimiento de la Nación).

Mackey, Albert G. Cap. V (Thomas Smith Webb), Cap. VI (El Real Arco), Cap. VII (Biblia y Tres Grandes Luces), Cap. VIII (Obligación como custodia), Cap. XII (Lenguaje del Ritual), Conclusión General.

National Archives (USA). Cap. II (Masones en la Guerra de Independencia), Cap. III (Nacimiento de la Nación).

Oxford University. Cap. VII (La Obligación y el Juramento).

Patterson, Richard S. y Richardson, Dougall. Cap. III (Nacimiento de la Nación).

Pike, Albert. Cap. IX (Conclusión General original).

Proceedings of the Grand Lodge of Massachusetts. Cap. I (Orígenes de la Masonería en América).

Roberts, Allen E. Cap. II (Masones en la Guerra de Independencia), Cap. III (Nacimiento de la Nación).

Sparks, Jared (ed.). Cap. II, Cap. III.

United Grand Lodge of England (UGLE). Cap. VII (Biblia y Tres Grandes Luces), Cap. XII (Lenguaje del Ritual).

Webb, Thomas Smith. Cap. V (Padre del Rito York), Cap. VI (El Real Arco), Cap. VIII (Obligación como custodia), Conclusión General.